Vollständig überarbeitete und aktualisierte Neuausgabe von
»Warum Lesen glücklich macht«, Elisabeth Sandmann Verlag GmbH, 2007
© 2025, Elisabeth Sandmann Verlag GmbH, München
Alle Rechte vorbehalten.

Kein Teil des Werkes darf in irgendeiner Form (durch Fotografie, Mikrofilm oder andere Verfahren) ohne schriftliche Genehmigung des Verlages reproduziert oder unter Verwendung elektronischer Systeme verarbeitet, vervielfältigt oder verbreitet werden.

Umschlag, Innenseiten und Satz: Schimmelpenninck.Gestaltung, Berlin
Herstellung und Lithografie: Jan Russok, RR Creative Service
Druck: Bittner print s. r. o. , Bratislava
ISBN 978-3-949582-42-4

Besuchen Sie uns im Internet unter www.esverlag.de

STEFAN BOLLMANN

IM ZAUBER DER BÜCHER

Warum Lesen glücklich macht

ELISABETH SANDMANN

INHALT

Eintauchen
9

Sich verlieren … und wiederfinden
29

Der gefährliche Augenblick
49

»Was nie geschrieben wurde, lesen«
81

Unterwegs zu einer neuen Lesekultur
97

Macht Lesen nun glücklich? Oder frei? Oder womöglich beides?
123

Anhang
155

Kapitel 1

EINTAUCHEN

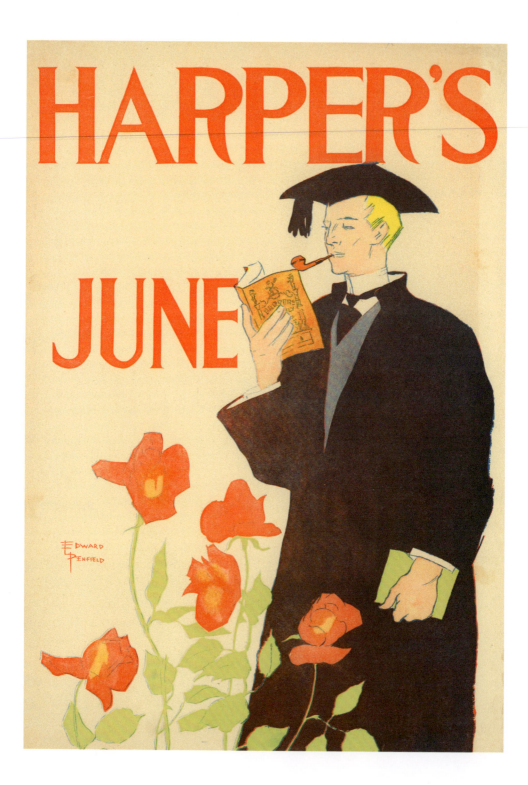

Pina liest – wenn die meisten schlafen. Die angehende Buchhändlerin in Waren an der Müritz hat Ferien und weiter nichts vor im nasskalten Herbst. Ihr Programm: jeden Tag ein Buch – Unterhaltungsromane, Klassiker, Sachbücher, Lyrik. Noch ungewöhnlicher als die nachtschlafende Zeit, zu der sie liest, ist der Ort, an dem sie dieser Beschäftigung nachgeht: Der Irish Pub in dem Urlaubsstädtchen an Deutschlands größtem Binnensee hat täglich bis vier Uhr morgens geöffnet; wenn genügend Gäste bleiben, auch länger. Unter den Einheimischen heißt das Lokal nur »Mausefalle«, davor war es ein Puff. In dieser touristenarmen Zeit besteht das Publikum vor allem aus Schülerinnen und Schülern des per Rad oder frühmorgens mit dem ersten Bus erreichbaren Internatsgymnasiums Schloss Torgelow. Und da sitzt die Mittzwanzigerin, unweit des Eingangs, inmitten der Brandung der lauten, zuweilen vom Alkoholgenuss schon leicht strauchelnden Stimmen, inmitten der dröhnenden Musik von der Playlist und des Qualms der Zigaretten (Rauchen ist hier ausdrücklich gestattet) – vertieft in ein Buch. Sie lese immer und könne es auch überall, sagt sie. Zudem sei es praktisch, stets ein Buch bei sich zu haben: Man könne Notizen darin machen und es sogar als Sitzkissen benutzen und sei so außer Gefahr, sich eine Blasenentzündung zu holen. Zuweilen kommt einer der Jugendlichen vorbei, klopft ihr auf die Schulter, nimmt sie in den Arm. Pina ist hier bekannt, und manchmal verleiht sie sogar eines der Bücher, die sie in ihrer Stofftasche mitführt. Und ist dann stolz, wenn sie ein paar Nächte später positive Rückmeldung bekommt: Er oder sie habe heute drei Stunden darin gelesen, so etwas sei ja noch nie passiert.

Felix liest – mit Vorliebe im Bett oder hingeflätz auf der Bank in seinem Zimmer, mit angezogenen Beinen, soweit die verstreuten Kissen, Kuscheltiere und alle sonstigen hier abgelegten Dinge dafür Platz lassen. Der Elfjährige geht in die sechste Klasse eines Münchner Gymnasiums. Bei ihm ist das gespannte Zuhören, wenn andere ihm vorlesen, so gut wie nahtlos ins Selber-Lesen

EINTAUCHEN

übergegangen, nachdem er in der Grundschule diese Fertigkeit erworben hatte. Gewiss hat die Coronazeit mit der verordneten Isolation dazu beigetragen, dass ihm das Lesen zur lieben Gewohnheit geworden ist. Immer dann, wenn er gestresst ist und Entspannung sucht, sich langweilt und keinen Bewegungsdrang verspürt, wenn er dem Schulalltag entkommen und allein sein, bei sich selbst sein will, greift er zum Buch. Bei einem guten Buch, so sagt er, will man stets wissen, wie es weitergeht. Felix kann mehrere Bücher parallel lesen und findet auch ohne Lesezeichen sofort die Stelle wieder, wo er war, als er es beim letzten Mal aus der Hand gelegt hat.

Brigitte liest – bevorzugt die Neuanschaffungen der Bücherei des Seniorenheims, das die mittlerweile 91-Jährige seit über zehn Jahren leitet. Eigentlich wollte sie Bibliothekarin werden – die Umstände der Nachkriegszeit, die Notwendigkeit, nach der Schulzeit ohne weitere Ausbildung Geld zu verdienen, haben das aber verhindert. Stattdessen hat sie als Sekretärin bei einem Privatbankier gearbeitet, diesen Beruf aber aufgegeben, als dann die Kinder kamen. Hätte sie das Angebot, die Leitung der Bücherei zu übernehmen, auch dann nicht ausgeschlagen, wenn ihr Mann damals noch gelebt hätte? Womöglich schon. Aber der Umstand, dass sie zu diesem Zeitpunkt bereits verwitwet war, hat sicher das Engagement verstärkt, mit dem sie dann die neue Aufgabe in Angriff genommen hat. Nach dem Tod ihres Mannes lebte sie zum ersten Mal als Single, auf sich allein gestellt und nie ganz frei von Einsamkeitsgefühlen, aber auch ohne die Verpflichtungen und Ablenkungen, die ein Leben zu zweit mit sich bringt. Die 1000 Euro, die sie jährlich für Neuerwerbungen zur Verfügung hat, erlauben ihr und der Bücherei keine großen Sprünge; umso wichtiger ist es, aus der Fülle der Neuerscheinungen das Richtige auszuwählen und dann auch die passenden Empfehlungen auszusprechen.

Andreas liest – beruflich tagsüber im Büro am Computer, privat am Abend auf dem Sofa oder im Bett. Der Vater von drei Kindern übt zwei Tage in der Woche das Amt eines Gemeindepräsidenten, eines Schweizer Bürgermeisters, aus. Ansonsten ist er freier Ausstellungskurator und Autor, zumeist von Sachbüchern. Am Computer macht er bei der Lektüre Exzerpte; sie folgen immer dem gleichen Schema: Seitenzahl, dann seine Notizen – in nur einer einzigen Datei für ein gesamtes Buchprojekt. Meistens schafft er nicht mehr als 30 Seiten am Tag, und nur in Ausnahmefällen liest er ganze Bücher. Es ist eine gezielte Lektüre. Privat hingegen liest er ohne konkretes Ziel; wohl macht er sich auch hier zuweilen Notizen oder achtet auf die Machart eines Textes, aber eher

beiläufig, nicht systematisch. Dieses Lesen beschreibt er als »Abtauchen in andere Welten«, spricht auch von »Erweiterung« seiner Welt. »Ich bin, wenn ein Text gut geschrieben ist, wie weg«, sagt er.

Daniel liest – und kommt dazu vor allem, wenn er auf Reisen ist. »Ich habe diese Idee, dass ich meinen Kopf mit Gehaltvollem füllen muss«, sagt er und greift im Flieger etwa zu Walt Whitmans großem Demokratieepos *Grasblätter*. Cervantes habe im *Don Quijote* geschrieben, ein Gentleman solle nie ohne sechs Bücher reisen, meint er schmunzelnd. Das nehme er durchaus ernst. Sein Büro in der 19. Etage eines Hochhauses in Manhattan ist eine riesige Bibliothek. »Ich brauche die Inspiration des Lesens, um kreativ sein zu können«, sagt der US-amerikanische Architekt Daniel Libeskind. Für den Entwurf des Jüdischen Museums in Berlin ist er Walter Benjamins Erinnerungen an seine Gänge durch die Stadt gefolgt. Mit ganz praktischen Folgen, etwa für die Ausrichtung der

André Kertész, »On reading«

Mauern und Fenster. »Lesen« nennt der Architekt auch seine Art, sich den Ort zu erschließen, an dem ein neues Gebäude entstehen soll: die Entzifferung des nicht auf den ersten Blick Sichtbaren. Manchmal, so gibt er lachend zu, sei eine Bibliothek (es gibt noch eine zweite und dritte an anderen Orten) aber auch eine Belastung: »Bei einem unserer 18 Umzüge als Familie wanderten unsere Bücher für ein Jahr auf Lager. Das war herrlich! Ich habe mich total befreit gefühlt, endlich war ich meine Bücherobsession los. Aber dann kamen sie zurück wie alte Verwandte. Man mag sie nicht immer, sie können lästig sein, aber man lädt sie zum Essen ein!«

Inga liest – oft, wenn die Nacht bereits fortgeschritten ist. Gegen zwei, drei Uhr morgens wacht die seit Kurzem von ihrem Mann getrennt lebende Ärztin regelmäßig auf und greift dann zu einem der Bücher auf ihrem Nachttisch, um das Kopfkarussell anzuhalten und wieder in den Schlaf zu finden. Sie hat die Erfahrung gemacht, das Lesen eines Buches bedrängt einen nicht so sehr wie etwa das Anschauen eines Films, von dessen bewegten Bildern sich die Augen kaum lösen können. Lesend bleibt man bei sich selbst – und verlässt trotzdem die eigene Wirklichkeit und taucht in eine andere Gefühlswelt ein. Die Sätze auf dem Papier vermischen sich mit den Bildern im Kopf zu einer neuen Einheit, die einen fortträgt – solange man sich forttragen lässt. Filmbilder sind schnell, das Kopfkino des Lesens dagegen ist langsam, fast schon eine Zeremonie der Langsamkeit. Wie langsam – das liegt an einem selbst. Irgendwann dann spürt Inga, wie ihr die Augen zufallen, und nicht selten gleitet ihr kurze Zeit später auch das Buch aus der Hand – und sie findet erneut für einige Stunden in den Schlaf.

Pinas Ferienleseprogramm:

Vorgestern: *Miss Merkel. Mord auf dem Friedhof* von David Safier, der zweite Fall der Ex-Bundeskanzlerin.
Gestern: *Ungleich vereint. Warum der Osten anders bleibt* des Soziologen Steffen Mau – ein Buch, das aus Sackgassen herausführen will. Und Gedichte von Rose Ausländer.
Heute: *Das Tagebuch von Adam und Eva* von Mark Twain – wenn das erste Menschenpaar Tagebuch geführt hätte.
Das Programm der nächsten Tage: *Das Totenschiff* von B. Traven, einem Bestseller-Autor, der eigentlich Otto Feige hieß und ursprünglich Maschinenschlosser war, sich als Schauspieler auch Ret Marut nannte und in den 1920er Jahren nach Mexiko floh, sowie *Monas Augen* von Thomas Schlesser, die Reise eines zehnjährigen Mädchens mit einem Augenleiden durch die Pariser Museen zu den großen Kunstwerken unserer Zeit.
Angefangen hat sie auch: *Kochen im falschen Jahrhundert*, ein kulinarischer Roman von Teresa Präauer, und *Der Untergang der Wager*, eine »wahre Geschichte von Schiffbruch, Mord und Meuterei« von David Grann.

Felix' Lieblingsbücher:

Platz 1: *Jim Knopf und Lukas der Lokomotivführer* von Michael Ende
Platz 2: *Sämtliche Geschichten der Kuh Lieselotte* von Alexander Steffensmeier
Platz 3: *Das Sams* von Paul Maar
Platz 4: *Rico, Oskar und die Tieferschatten* von Andreas Steinhöfel
Platz 5: *Die 13 ½ Leben des Käpt'n Blaubär* von Walter Moers
Platz 6: *Die besten Geschichten vom Franz* von Christine Nöstlinger
Platz 7: *Drachenreiter* von Cornelia Funke

Die begehrtesten Titel der Bücherei des Seniorenheims:
Freiheit von Angela Merkel
Zur See von Dörte Hansen
Violeta von Isabel Allende
Becoming. Meine Geschichte von Michelle Obama
Altern von Elke Heidenreich

Die zehn Bücher, die auf Andreas am stärksten gewirkt haben:
Der Zauberberg von Thomas Mann (1926)
Hiob. Roman eines einfachen Mannes von Joseph Roth (1930)
Die Eingeborenen von Maria Blut von Maria Lazar (1937, Erstveröffentlichung 1958)
Transit von Anna Seghers (1944)
Der Mensch erscheint im Holozän von Max Frisch (1979)
Der Mann auf der Kanzel von Ruth Rehmann (1979)
Die schöne Frau Seidenmann von Andrzej Szczypiorski (1988)
Schande von J. M. Coetzee (2000)
Das Jahr magischen Denkens von Joan Didion (2006)
Das Verschwinden des Philip S. von Ulrike Edschmid (2013)

Sieben wichtigste Bücher in Daniels Leben:
Hamlet von William Shakespeare
Grammatologie von Jacques Derrida
Sein und Zeit von Martin Heidegger
In Swanns Welt von Marcel Proust
Gedichte von Emily Dickinson
Der Süden von Jorge Luis Borges
Zum Zeitvertreib – Vom Lesen und Malen von Winston Churchill

Die fünf Autor:innen, von denen Inga alles liest, und ihre Lieblingsbücher von ihnen:
Ewald Arenz (*Zwei Leben*)
Lucy Fricke (*Töchter*)
Rónán Hession (*Leonard und Paul*)
Mariana Leky (*Was man von hier aus sehen kann*)
Joachim Meyerhoff (wirklich alle)

Common readers, gewöhnliche Leser, so hat die englische Schriftstellerin und Feministin Virginia Woolf die Spezies jener Leserinnen und Leser genannt, die mehr zum eigenen Vergnügen lesen und kaum, um Wissen zu vermitteln oder die Ansichten anderer zu korrigieren. In der Hauptsache würden sie von einem »Instinkt« geleitet, sich »aus allem Zufälligen, das ihnen in die Hände fällt«, ein Bild des Lebens zu machen. Das war nicht herabwürdigend gemeint, im Gegenteil. Auch die große Schriftstellerin selbst verdankte ihre Belesenheit keineswegs einem Literaturstudium, sondern der Bibliothek ihres Vaters, durch die sie sich seit den frühen Jugendtagen lesend hindurchfraß, vollständig unsystematisch, geleitet nur von ihrem Interesse und ihren jeweiligen Lebensfragen. Von den sechs oben vorgestellten Lesenden am weitesten von diesem Leseverhalten entfernt hat sich Andreas, zumindest tagsüber, wenn er am Bildschirm liest. Als Autor ist das Bücherlesen Teil seiner Recherchearbeit geworden; hier geht er professionell vor, behandelt die gelesenen Texte als Quellen. Das Rüstzeug dafür hat er sich nicht zuletzt in seinem Geschichtsstudium angeeignet. Etwas von dieser Art des Zugangs zu Büchern steckt auch im Lektüreverhalten von Brigitte, wenn es ihr darum geht, Bücher daraufhin zu prüfen, ob sie für die Bücherei des Hauses in Frage kommen, ob sie Leserinnen oder Leser dafür gewinnen kann. Selbst Andreas aber ist zu Hause ein wilder Leser geblieben, der Bücher nicht unter bestimmten Fragestellungen auswertet, sondern in sie eintaucht, sich in ihnen vergisst. Und es ist interessant, dass er die eine Art des Lesens am Schreibtisch ausübt, vor sich einen Bildschirm, der zu einem PC gehört, mit dem er zugleich auch Texte verfassen und speichern kann. Für sein häusliches, in der Freizeit ausgeübtes Leseverhalten ist er dagegen beim klassischen Buch geblieben, das eine Lektüre ohne technischen Apparat, Stromquelle und den Einfluss von blauem Licht erlaubt.

Daniel wiederum hält sich bei der Auswahl seiner Lektüre an Churchills Maxime, wonach ein Buch anregen soll. Der Schlüssel schlechthin, um Sorgen und psychische Überlastung zu vermeiden, so der britische Staatsmann, der Großbritannien durch den Zweiten Weltkrieg führte, sei … Abwechslung. Das gelte besonders für diejenigen, die über längere Zeit außerordentlich hohe Verantwortung tragen und umfangreiche Pflichten erfüllen müssten. Da fruchte der probate Ratschlag nicht, doch einfach mal abzuschalten und etwa einen ausgiebigen Spaziergang zu unternehmen. Um den Geist aus dem Klammergriff der Sorgen und Anspannung zu befreien, bedürfe es stärkerer Rezepturen – alternativer geistiger Interessen, die echte Herausforderungen darstellen. Die schier grenzenlose Welt der Bücher mit ihrem unerschöpflichen, vielfältigen Schatz an Geschichten, Wissen und Weisheit eigne sich dafür besonders gut. Churchills Rat: in einer anderen Sprache zu lesen als in derjenigen, in der man seine alltägliche Arbeit verrichtet: »In einer anderen Sprache zum Vergnügen zu lesen, lockert die mentalen Muskeln und erfrischt den Geist durch eine andere Abfolge und Gewichtung der Gedanken.«

Buch und Bett

Es gibt keine Statistik darüber, aber die Mehrheit der »gewöhnlichen Leser« dürfte im Bett lesen – nicht ausschließlich, aber doch sehr regelmäßig. Sie tun es, um das Buch nach einer gewissen Zeit aus der Hand zu legen, das Leselicht zu löschen, sich womöglich auf die Seite zu drehen und in den Schlaf zu finden. Lesen im Bett ist »ein Klassiker der Einschlafhilfe«, wie es der Psychologe Rolf Schmiel nennt. In einer Studie der Universität Liverpool zu den Auswirkungen von Lesen auf das Wohlbefinden gaben über 40 Prozent der Testpersonen an, nach dem Lesen besser schlafen zu können. Wer fernsieht oder Serien schaut, hält sich wach; allein schon die Strahlung des Lichts vermindert die

Einschlaffähigkeit. Wer liest, bereitet sich auf den Schlaf vor, und er tut das, indem er gerade nicht nichts macht, sondern in einem ruhigen Umfeld, ausgestreckt im Bett, abgeschirmt von der Außenwelt, seinen Blick die Zeilen eines Buches entlangwandern lässt. Die Anstrengung verleiht den Augen allmählich die nötige Schwere, um in den Schlaf zu fallen. Selbst in Lesesälen von Bibliotheken – Orten des Studiums, der Recherche, der Wissensvermittlung – überkommt die dort Lesenden häufig Schläfrigkeit, gegen die selbst das helle Licht machtlos ist. Das kommt vom körperlichen Nichtstun, von der Gleichförmigkeit der Beschäftigung, unterbrochen nur vom zeitweiligen Aufblicken, von der Stille um einen herum, dem Dunkel des Bücherstapels auf dem Tisch. Inga greift zum Buch, um wieder in den Schlaf zu finden. Auch Felix, Brigitte und Andreas lesen vor dem Einschlafen. Früher waren die Freuden des Lesens unter der Bettdecke im Schein einer Taschenlampe ein Akt jugendlicher Rebellion gegen strenge Regeln wie »Punkt neun wird das Licht ausgemacht«. Aber auch diese Form der Widersetzlichkeit endete stets darin, in seliger Erschöpfung einzuschlafen, wenn zuweilen auch erst nach Mitternacht. Nur Pina scheint zu lesen statt zu schlafen – bevorzugt an Orten, die mit ihrem Geräuschpegel, der Anwesenheit vieler Menschen, der dort herrschenden Umtriebigkeit und dem Konsum alkoholischer Getränke wie gemacht sind für Schlaflose oder Schlafflüchter. Aber auch sie bevorzugt das geschützte Zeitreservoir der Nacht für ihre Lektüre, in der die Anforderungen an Konformität stark gesenkt sind und es keine Termine oder andere Verpflichtungen gibt.

Welche Lektüre empfiehlt sich vor dem Einschlafen? Bücher, die wie ein langer ruhiger Fluss daherkommen, voll von langatmigen Beschreibungen und endlosen Dialogen? Oder im Gegenteil fesselnde Geschichten mit kurzen Spannungsbögen und zündenden Pointen? Interessanterweise garantieren Kriminalromane und Gruselgeschichten in der Regel einen friedlichen Schlaf. Die Ansicht des englischen Schriftstellers Wystan Hugh Auden, wonach ein Buch im Kontrast zu dem Ort stehen sollte, an dem es gelesen wird, scheint sich auch in diesem Fall zu bewähren. Also bei Einschlafschwierigkeiten nicht etwa zu *Oblomow* greifen, Gontscharows Roman über den Typus des lethargischen russischen Adligen, der von einem geborgenen, aller Verantwortung ledigen Leben träumt, in dem ein ausgedehnter Mittagsschlaf zum alleinigen Kriterium eines erfüllten Tages wird. Sondern lieber die Aufklärung eines Mordes oder gar einer Serie von Morden mitverfolgen, verbunden mit dem Versprechen, dass die aus den Fugen geratene Welt mit der Lösung des Falles wieder

in Ordnung kommt. Ablenkung, das Eintauchen in eine andere Welt, die die eigenen Lebensprobleme zumindest nicht direkt berührt, ist hilfreich, wenn es darum geht, Spannungen abzubauen, ohne dass Langeweile aufkommt. Selbst wenn es ums Einschlafen geht, scheint Unterforderung genauso schlecht zu sein wie Überforderung. Der Flow, der uns Zeit und Raum vergessen lässt und auf dessen Flügeln wir perfekt in den Schlaf hinübergleiten, stellt sich dann ein, wenn wir zwar nach Kontrolle streben, andererseits aber spüren, dass wir uns und die Situation gar nicht wirklich kontrollieren können (und auch nicht müssen). Der ungarische Psychologe Mihály Csíkszentmihályi hat dieses Paradox als konstitutiv für das von ihm entdeckte Phänomen des Flows betrachtet.

Nun ist das hier kein Schlaf-Ratgeber. Die Kombination von Bett und Buch bringt uns aber nicht nur dem Geheimnis des Einschlafens, sondern auch dem Glück des Lesens näher. »Von allen Arten des Rückzugs aus der Gesellschaft ist der Schlaf die am meisten geschützte«, schreiben der Soziologe Elihu Katz und der Psychologe David Foulkes in einem gemeinsam verfassten Artikel über Formen des medialen Eskapismus. Eine Aufforderung wie »Sei leise, Mama schläft« habe allerhöchste Priorität. Der Schlaf eines Menschen ist uns heilig, ihn zu stören fast ein Sakrileg, es sei denn, die betreffende Person hat uns ausdrücklich darum gebeten. »Pst, Mama liest« kommt dem an Dringlichkeit nicht völlig gleich. Aber auch beim Lesen sind wir bereit zu akzeptieren, dass die betreffende Person nicht ansprechbar ist bzw. nicht gestört werden

EINTAUCHEN

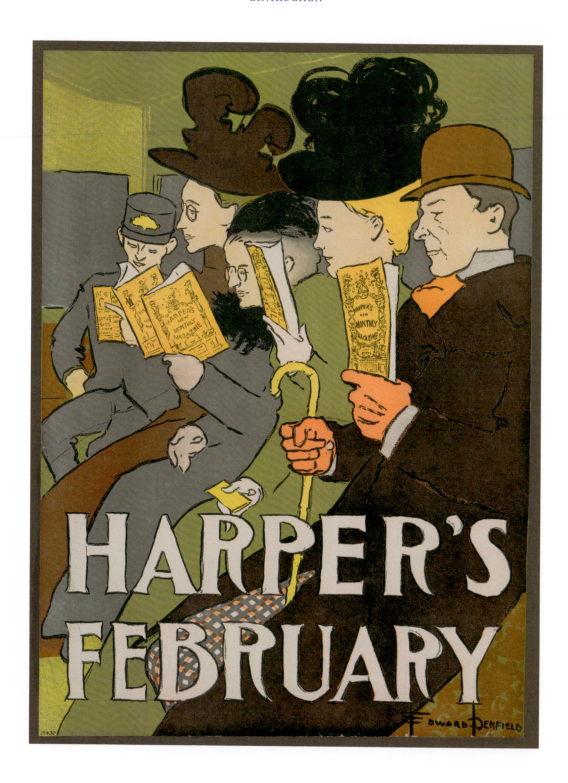

soll, weil sie mit ihrer Lektüre in eine Welt außerhalb ihrer Umgebung eingetreten ist. Lesen ist eine geduldete Form der Flucht. Manche Bücher eignen sich dafür mehr, andere weniger – aber Mittel, um dem Alltag, etwa dem familiären Umfeld zu entkommen, sind sie nicht so sehr aufgrund ihres jeweiligen Inhalts, sondern aufgrund der mit ihrem Gebrauch verbundenen Situation des Lesens selbst, das uns in eine Welt außerhalb unserer unmittelbaren Umgebung führt. Ansonsten würde man ein solches Verhalten als Unaufmerksamkeit, Zerstreutheit, Tagträumerei oder sogar Solipsismus kritisieren und dementsprechend sanktionieren. Wir lesen, um der Welt den Rücken zu zeigen und der Wirklichkeit eine Nase zu drehen.

Es kommt aber noch etwas hinzu: Alberto Manguel, dem wir eine so originelle wie schön illustrierte Geschichte des Lesens verdanken, hat gemeint, die leicht dahingesagte Redensart »ein Buch mit ins Bett nehmen« sei für ihn stets »mit sinnlicher Erwartung« aufgeladen gewesen. In der Tat: Das Bett ist ein Ort des Rückzugs nicht nur, um dort zu schlafen, sondern auch um miteinander zu schlafen. Sex wie auch das Lesen im Bett sind gewissermaßen Bestandteil der Nacht- oder Schlafenszeit, die sich von der normalen, im Wachzustand verbrachten Zeit des Alltagslebens abhebt. »Man zieht sich auf sich selbst zurück, lässt den Körper ruhen, macht sich unerreichbar und unsichtbar für die Welt«, beschreibt Alberto Manguel das Lesen im Bett. »Und da dies unter der Decke stattfindet, einem Ort der Lust und der sündigen Trägheit, besitzt das Lesen zudem ein wenig vom Reiz des Verbotenen.« Die Schlafenszeit ist so etwas wie eine legitime Fassade für eine Vielzahl heimlicher Aktivitäten. Das wird besonders dort deutlich, wo diese Legitimität bestritten wird, etwa in christlicher Tradition: Jean-Baptiste de La Salle, ein im Jahr 1900 heiliggesprochener Pädagoge und Philanthrop, warnte 1703 in seinen »Anstandsregeln für die Christenheit«: »Tut es nicht gewissen Personen nach, die dort [im Bett] lesen und andere Dinge treiben; haltet euch nur im Bett auf, wenn es dem Schlafe dient, und eure Tugend wird davon den Nutzen haben.«

Die Schriftstellerin Edith Wharton, ein Kind des 19. Jahrhunderts, schrieb in der Regel im Bett, weil sie dort der Verpflichtung enthoben war, ein Korsett zu tragen. »Im Bett war ihr Körper frei, und das befreite auch ihre Feder«, hat die amerikanische Schriftstellerin Cynthia Ozick Whartons Verhalten erklärt. Zwar leben wir längst nicht mehr im 19. Jahrhundert. Aber in sozialer und psychischer Hinsicht stecken wir wie eh und je in Korsetts, die wir häufig erst zur »Schlafenszeit« mit dem Ablegen der Tageskleidung und dem Überstreifen der

Nachtwäsche loswerden. Wer schläft, den trifft keine Verantwortung für die Rollen, die er am Tag ausfüllt. Auch für meine Träume muss ich mir keine Vorwürfe machen, selbst wenn sie mehr von meiner Persönlichkeit und Wünschen enthüllen, als mir lieb sein mag. Marcel Proust hat zu Beginn von *Auf der Suche nach der verlorenen Zeit* sehr schön und wie stets bei ihm sehr ausführlich beschrieben, wie das während des Schlafens in erotischen und anderen Träumen verlorene Ich sich beim Aufwachen allmählich erst wieder finden muss und wie gewagt und störanfällig dieser Übergang in den Wachzustand sein kann.

Was für die Schlafenszeit gilt, gilt auch für die Lesezeit, selbst wenn sie zu einer anderen Tageszeit und an Orten stattfindet, die mit einem Bett wenig zu tun zu haben scheinen. Die Schriftstellerin Siri Hustvedt hat Bibliotheken als »sexuelle Traumfabriken« bezeichnet. Beim Lesen entkommen wir unserem sozialen Selbst, und es öffnen sich ansonsten nicht wahrgenommene Klappen zu den Geheimfächern unserer Persönlichkeit. Es versetzt uns in einen Zustand der Trance; entführt uns in Zonen zwischen Wachheit und Schlaf, lullt uns ein und bringt in uns Stimmen aus einer anderen Welt zum Klingen. In diesem Zusammenhang von Rückzug und Flucht, von zeitweiliger Suspendierung der Ichfunktion, von Träumen, Sinnlichkeit und geheimen Vergnügungen hat das Lesen, jedenfalls das »private« Lesen, seinen angestammten Platz. Hier, wenn irgendwo, ist das Glück des Lesens beheimatet.

Kapitel 2

SICH VERLIEREN … UND WIEDERFINDEN

Wir lesen mehr, als wir denken

Warum also lesen wir? Sicher nicht nur, um in den Schlaf zu finden. Grundsätzlich ist festzustellen, dass wir wesentlich mehr lesen, als wir annehmen – rund 50 Prozent mehr. Gut 90 Prozent aller Berufe setzen heute einen Umgang mit Texten oder sonstiger schriftlich niedergelegter Information voraus. Etwa zweieinhalb Stunden der täglichen Arbeitszeit werden für das Lesen verwendet. Und seit der Erfindung von E-Mails, Online-Messenger- und Nachrichten-Diensten findet auch ein nicht gerade kleiner Teil unseres sozialen Lebens lesend (und schreibend) statt. Wurde in den 1980er Jahren noch der baldige Untergang der Schrift prophezeit, ist der Gebrauch von schriftlichen Texten heute aus der privaten und gesellschaftlichen Kommunikation kaum mehr wegzudenken. Die Pandemie und die damit verbundene explosionsartige Ausbreitung des Home Office hat dieser Entwicklung noch einmal einen kräftigen Schub verliehen. Das alles führt dazu, dass heute ein Erwachsener an die vier Stunden pro Tag liest. Und nimmt man noch das Schreiben hinzu, so wächst der Umgang mit schriftlichem Material sogar auf sechs Stunden pro Tag an. Anders gesagt: Ein gutes Drittel seiner Wachphase verbringt ein Erwachsener heute lesend und schreibend.

Das erklärt auch den großen Stellenwert, der dem Lesen im Kontext von Lernen und Ausbildung eingeräumt wird. Man könnte es auf die Formel bringen: Wer liest, der lernt. In einer Welt, deren Veränderungstempo stetig zunimmt, lernen wir ein Leben lang. Wer sich zu einem bestimmten Thema informieren will, der liest, egal ob Buch, Zeitung oder Broschüre, auf Papier oder am Bildschirm. Bücher, aber auch Artikel können Konzentrate von Wissen und Klugheit sein: In wenigen Minuten oder Stunden teilt sich den Lesenden ein Schatz an Erkenntnis mit, zu dessen Erforschung oder Erfahrung ein Autor Jahre, zuweilen sogar ein halbes Leben benötigt hat. Hinzu kommt:

Menschen, die viel lesen, haben ein besseres Sprachbewusstsein. Sie wissen nicht nur mehr, sondern haben auch einen größeren Wortschatz und können sich in der Regel besser ausdrücken. Lesen hilft deshalb beim Schreiben. Es ist zudem ein wichtiger Teil der Meinungsbildung, trainiert das Gedächtnis und ist auch gut für Smalltalk und Konversation. Und wer noch im Alter viel liest, wappnet sich gegen kognitive Beeinträchtigungen, sogar gegen Demenz.

Das Gesagte scheint sich in erster Linie auf Bücher und Texte zu beziehen, die uns Sachwissen vermitteln. Doch das ist zu kurz gegriffen. Ein Roman, sei er nun literarisch anspruchsvoll oder vor allem unterhaltend, kann uns eine ganze bislang unbekannte Welt erschließen, die eines fernen Weltteils oder eines fernen Jahrhunderts etwa. Oder er erlaubt uns überraschende Einblicke in Gestalten des Lebens und Verfassungen der Seele, die bislang außerhalb unserer Reichweite lagen. Er stärkt dadurch unsere Empathie, unser Einfühlungsvermögen, aber auch unsere Phantasie, unser Vorstellungsvermögen. Und er trainiert unsere Fähigkeit des Problemlösens. Besonders auffällig ist das beim Kriminalroman; neben der Spannung ist das vermutlich der wichtigste Grund, warum sich das Genre so großer Beliebtheit erfreut. Denn »alles Leben ist Problemlösen«, wie der Philosoph Karl Popper gemeint hat. Das gilt zumal, seitdem sich so gut wie nichts mehr von selbst versteht, sondern alles problematisch geworden ist, von der Liebe bis zur Erziehung, von der Ernährung bis zum Sterben, von der Lebensführung bis zum Rollenverhalten am Arbeitsplatz. Romane und Geschichten lesend probieren wir Lösungen für unsere Lebensprobleme aus, die mal realitätsnah sind, mal mehr einem Wolkenkuckucksheim ähneln. Immer aber fordern sie uns heraus.

Doch damit immer noch nicht genug: Lesen fördert die Konzentration. Auch das ist wiederum gut fürs Lernen, für die Aufnahme von Wissen. Es ist aber auch gut, um zu entspannen. Indem wir uns auf den Text vor uns fokussieren und alles andere ausblenden, dabei Ruhe finden und Einflüsse von außen minimieren, bauen wir Stress ab. Das gilt vor allem für das Lesen im privaten Kontext, also fern des Arbeitsplatzes. Dabei kann der Leseplatz ein gemütlicher Sessel zu Hause, aber auch ein Zug, ein Strand oder sogar ein Irish Pub sein. Oder, wie im Fall von Daniel Libeskind, ein Rückzugsort inmitten einer geschäftigen Arbeitsumgebung. Wer in das Bücherzimmer des Architekten vordringen will, muss erst am Schreibtisch von dessen Frau vorbeikommen, die über die kreative Ungestörtheit ihres Mannes wacht. Diese Art des Lesens soll sogar lebensverlängernd sein; das hat eine Langzeitstudie der Yale-Universität

SICH VERLIEREN ... UND WIEDERFINDEN

ergeben. Wer täglich zur Entspannung ein Kapitel in einem Buch liest, hat im Vergleich zu Nichtlesern eine im Schnitt zwei Jahre höhere Lebenserwartung. Und zwar tritt dieser Effekt unabhängig von Geschlecht, Bildungsstand, Einkommen oder Gesundheit ein. Und dürfte nicht zuletzt mit dem geruhsamen Schlaf zu tun haben, der sich nach dem abendlichen Lesen einstellt.

Das sind wahrhaftig gute Gründe fürs Lesen, die Leseförderung als ein hochgradig sinnvolles Geschäft erscheinen lassen. Und dennoch frage ich mich, ob sie bereits jene existenzielle Dimension des Lesens erreichen, die leidenschaftlich Lesende dazu bringt, ihre Lieblingsbeschäftigung oder zumindest Zweitlieblingsbeschäftigung für so gut wie unverzichtbar zu halten und mit dem Gefühl des Glücks zu verbinden. Als sei ein Leben ohne Lesen zwar möglich, aber sinnlos, als würde die Abwesenheit des Lesens beinahe zwangsläufig unglücklich machen. Lesen sei für ihn wie Atmen, hat etwa Alberto Manguel gesagt. Auf vielen der seit dem 19. Jahrhundert so zahlreichen Gemälde und Fotografien, die Lesende, vorzugsweise Frauen, vertieft in ein Buch oder von ihm aufschauend, selbstversunken, nachdenklich oder freudestrahlend zeigen, wird diese existenzielle Dimension des Lesens sichtbar. Lesen kann man noch in Phasen großen Unglücks, tiefer Verzweiflung oder, etwas weniger schlimm, beträchtlicher Frustration oder Verwirrung. Es hat sogar das Potenzial, einen aus dieser Düsternis oder Befangenheit herauszuführen. Wenn wir orientierungslos sind oder gar den Boden verloren haben, kann ein Buch uns Schutz und Schirm sein: Es gewährt uns einen mentalen Unterschlupf, wo wir unsere Unsicherheit abgeben und gegen das Gefühl eintauschen können, einen Platz in der Welt zu haben.

Der amerikanische Literaturwissenschaftler Mark Edmundson hat in einem Buch, das den schlichten Titel *Why read?* (Warum lesen?) trägt, die Literatur die wichtigste kulturelle Ressource von Lebensmöglichkeiten für diejenigen genannt, die den Eindruck nicht loswerden, ihr gelebtes Leben bleibe hinter ihren Hoffnungen und Erwartungen zurück. Ein Buch kann das Wasser des Lebens auf den Durststrecken des Daseins sein. Unübertrefflich beschrieben hat diese Lebensbedeutsamkeit des Lesens der schwedische Schriftsteller und Publizist Olaf Lagercrantz. Jahrelang hatte er beinahe ausschließlich *Auf der Suche nach der verlorenen Zeit* gelesen. Als er den letzten Band dann zuklappte, überfiel ihn tiefe Traurigkeit. »Die Gegenwart war klarer für mich, als ich Proust an meiner Seite hatte«, schreibt er. »Jetzt, wo ich ihn verlasse, fühle ich mich wie ein verirrtes Kind.«

Kontrollierte Ich-Ausschaltung

Marcel Proust selbst war der Überzeugung, dass Lesen, insbesondere die Lektüre großer Werke, zur Selbsterkenntnis beitragen kann und davon ausgehend auch dazu, sich selbst zu verändern, im besten Fall neu zu erfinden. Besteht das Glück des Lesens also darin, eine bessere Version von sich selbst zu entwerfen, den Raum zwischen Sein und Wollen zugunsten des Wollens zu verschieben und auf diesem Wege auch das Sein ein Stück weit mit in diese Richtung zu nehmen? Gut möglich, dass es darauf hinausläuft. Doch wir sollten den zweiten Schritt nicht vor dem ersten tun, zumal der zweite Schritt nur dann möglich ist, wenn wir den ersten wagen. Denn so viel muss gesagt werden: Um sich zu gewinnen, womöglich verändert wiederzugewinnen, muss man sich beim Lesen erst einmal verlieren, und zwar gründlich. Das zeigen so gut wie alle Leseerfahrungen, für die Andreas' Beschreibung gilt, man sei dabei »wie weg«. Das Schöne aber ist, dass diese Erfahrung des Selbstverlusts beim Lesen keineswegs als bedrohlich erlebt wird, wie es sich verhielte, wenn sie in der Realität stattfände. Unter dem Schutzschirm des Lesens und des Buches kann das Sichverlieren vielmehr als lustvoll erfahren werden. Ja, es gehört zu den tiefen und geheimen Freuden, die emphatisches Lesen schenkt.

    Zeugnisse für den Ich-Verlust beim Lesen gibt es wie Sand am Meer. Ich beschränke mich hier auf eins, das mich besonders beeindruckt hat. Dass es von einer Frau stammt, ist dabei kein Zufall. Wie wir noch sehen werden, hat das Lesen, und insbesondere das Lesen von Literatur, entscheidend zur Emanzipation der Frauen von ihren konventionellen Rollen und ihrer Einpassung in eine Welt beigetragen, die von den Männern zum Vorteil des Mannes eingerichtet ist. Wenn Frauen lesen, dann geht es stets um mehr als ausschließlich ums Lesen: Es geht um die Verfügung über die eigene Zeit, um die Eroberung von Rückzugsmöglichkeiten und ungestörtes Bei-sich-selbst-Sein und auch um eine Erweiterung der Erfahrung über den alltäglichen, oftmals auf Arbeit, Familie und Freunde beschränkten Kosmos hinaus.

1930 lernte Virginia Woolf die Komponistin und lesbische Feministin Ethel Smyth kennen. Die Schriftstellerin war da achtundvierzig und hatte mit Büchern wie *Jacob's Room*, *Mrs Dalloway*, *To the Lighthouse* und *A Room of One's Own* Weltruhm erlangt. Die von ihrer Seite aus leidenschaftliche, wiewohl nicht in erster Linie sexuelle Liebesbeziehung zu Vita Sackville-West lag gerade zwei Jahre zurück. Ethel Smyth hatte zu diesem Zeitpunkt die Siebzig bereits überschritten. Ihre berühmteste Komposition war der *March of the Women*, das mitreißende Schlachtlied der Suffragetten, und Virginia, selbst so stolz wie zögerlich, bewunderte an der viel Älteren, wie stürmisch sie dem Leben entgegengeeilt war und dies immer noch tat. Aus den Briefen, die Ethel ihr fortan schrieb, sprachen unverhohlen Zuneigung und Begehren, die Virginia nur in Ansätzen erwiderte, auch weil sie mit Ethels konventionellem literarischem Geschmack und ihrem religiösen Tick wenig anfangen konnte. Dennoch teilte sie ihr durchaus intime Dinge mit, und nicht nur solche, die den Körper und den Sex betrafen, sondern auch – die eigene Leseleidenschaft.

So im Sommer 1934, als sie zusammen mit ihrem Ehemann Leonard gerade in »Monk's House«, dem gemeinsamen Cottage in East Sussex, eingetroffen war, nachdem man den Tag zuvor bei der Schwiegermutter verbracht hatte. Erleichterung und Freude sprechen aus den Zeilen: »Heute beginne ich wie ein Schmetterling, dessen Flügel komplett zerknittert sind, sie auszuschütteln und durch die Luft zu gleiten.« Seit Gott weiß wie vielen Monaten habe sie nicht mehr so viele Stunden gelesen. Und Virginia fährt fort: »Manchmal denke ich, der Himmel müsste ein einziges ununterbrochenes, unermüdliches Lesen sein. Es ist ein körperloser, tranceartiger, intensiver Rausch, der mich als Mädchen in seinen Bann gezogen hat, und der hier unten ab und zu mit einer Gewalt zurückkommt, die mich zu Boden wirft.« Schriftstellerin, die sie ist, fällt Virginia auf, dass sie im Flow des Schreibens gerade zwei Metaphern zusammengebracht hat, die einander widersprechen. »Habe ich gesagt, dass ich fliege? Wie kann ich dann am Boden sein?« Und doch will ihr die Wahl der Bilder keineswegs falsch vorkommen, sondern sie sei ganz im Sinne des dramatischen Effekts, um den es ihr geht: »Weil, meine liebe Ethel, der Zustand des

Lesens in der völligen Ausschaltung des Egos besteht.« Und das Ego sei es, das sich aufrichte wie ein anderer Körperteil, den sie nicht zu benennen wage.

Dass Virginia Woolf hier vom »Ego« und nicht vom »Ich« (englisch »I«) spricht, hat damit zu tun, dass sie sich zumindest indirekt auf Sigmund Freuds strukturelles Modell der menschlichen Psyche bezieht. Freud hat die interagierenden Ebenen des »Es«, »Ich« und »Über-Ich« unterschieden, und seine englischen Übersetzer haben statt der englischen die lateinischen Termini »id«, »ego« und »superego« dafür gewählt. Virginia Woolf hatte zu diesem Zeitpunkt zwar kaum schon Freud gelesen (das sollte sie erst später, dann aber mit großer Intensität nachholen). Aber sie war über die Grundannahmen der Freud'schen Theorie informiert: Ihr Bruder Adrian Stephen sowie zwei ihrer Freunde, Alix und James Strachey, waren Psychoanalytiker, bei den Treffen der Bloomsbury Group war die Psychoanalyse ständig Thema gewesen, und ihr Mann Leonard hatte schon früh begonnen, sich mit den Schriften Freuds zu beschäftigen, *The Psychopathology of Everyday Life* auch rezensiert. Vor allem aber war in der Hogarth Press, die Virginia gemeinsam mit ihrem Mann gegründet hatte, die erste englische Ausgabe der Schriften Freuds erschienen.

Was das Benennen des männlichen Geschlechtsteils betrifft, ist Virginia Woolf in anderen Briefen weit weniger zimperlich. Vielleicht hat ihre Zurückhaltung hier damit zu tun, dass sie den Phallus meint, den erigierten, penetrierenden Penis. Ist das nach dem Schmetterling und dem Boxerslang (zu Boden werfen) nun eine dritte Metapher? Hermione Lee hat in ihrer Biografie Virginia Woolfs darauf aufmerksam gemacht, dass alle ihre Metaphern für das Lesen weiblich geprägt sind und »schlendern, streifen, bummeln, weben« als Beispiele genannt. Lesend warf sie die Ketten ab, die sie daran erinnerten, wer sie war, wer sie den anderen zufolge war. »Lesend gab sie sich der Vorstellung hin, nicht an einen einzigen Geist gebunden zu sein, sondern für eine gewisse Zeit, die Dauer der Lektüre nämlich, einen anderen Geist anlegen zu können.« Jorge Luis Borges' Beschreibung des Lesens als »Denken mit fremdem Gehirn« hätte sie freundlich akzeptiert, aber dann doch angemerkt, das sei ihr zu intellektualistisch, es gehe doch gar nicht so sehr ums Denken, sondern ums Empfinden, Fühlen und Vorstellen. Entzücktes Lesen war für Virginia Woolf ein Sichverlieren, eine Form der Hingabe, ohne penetriert zu werden, was sie wohl auch in sexueller Hinsicht verabscheute. Für unsere Belange wichtiger ist, dass sie es anscheinend genossen hat, eine Zeitlang das Ich los zu sein, das ansonsten unser ständiger Begleiter im Alltag ist, abgesehen von einigen

wenigen signifikanten Ausnahmen: Natürlich dem Schlaf (regelmäßig und von längerer Dauer). Oder dem Sex (unregelmäßig und von nur kurzer Dauer). Oder eben dem emphatischen Lesen (dessen Dauer und Regelmäßigkeit in unserer Kontrolle sind).

Eine Zeitlang das Ich und seine Kontrollfunktion auszuschalten ist so schön wie gefährlich. Schlafen ist süß und erholsam, aber wer schläft, macht sich extrem angreifbar. So mancher Held oder Abenteurer ist schon im Schlaf ausgeraubt, gar erschlagen worden. Da schließt man besser die Tür fest hinter sich zu und weiß jemanden an seiner Seite. Sex kann extrem lustvoll (aber auch

---

Virginia Woolf. Fotografie um 1930

frustrierend oder belanglos), vor allem aber sehr risikoreich sein, insbesondere wenn er ohne Einverständnis erfolgt. Oder der eine (in einer heterosexuellen Beziehung in der Regel der Mann) die Hingabe der anderen (in einer heterosexuellen Beziehung in der Regel die Frau) ausnutzt, um ihr Gewalt anzutun oder sie zu erniedrigen. Oder es zu einer Schwangerschaft kommt, obwohl beide das zu vermeiden suchen. Oder nur sie will. Nicht zuletzt deshalb ist Liebe hier eine gute, risikomindernde Voraussetzung.

Nur beim Lesen sind diese Gefahren nicht vorhanden oder jedenfalls in sehr viel geringerem Maße. Denn so sehr auch die Lesenden bei der Lektüre ihr Ich ausschalten mögen – die Situation, in der dies geschieht, behalten sie weiterhin und weitgehend unter Kontrolle. Je nachdem wie tief Leserin und Leser in die Lektüre abgetaucht sind und wie gut sie ihre Umgebung auszublenden verstehen, mag es zwar einen Moment dauern, bis sie wieder ansprechbar sind. Eine äußere oder innere »Störung« jedoch, etwa eine Aggression, ein Signal oder ein dringendes Bedürfnis, sei es ein eigenes oder das eines anderen, erreicht sie ohne Probleme.

Lesen ist kontrollierte Ich-Ausschaltung, und solange dieser Zustand währt, übernimmt das Buch die Regie in unserem Kopf. Die Leseforschung spricht in diesem Zusammenhang von identifikatorischem Lesen. Es ist die gängige Lesehaltung gegenüber literarischen Texten, insbesondere Romanen. An die Stelle des Ich, das gewöhnlich unsere Gefühle, Vorstellungen und Gedanken begleitet und steuert, tritt dann womöglich der Protagonist der Romanhandlung mit seiner spezifischen Sicht auf die Welt und die Dinge, oder auch der Erzähler bzw. die Erzählerin der Geschichte. Seine/ihre Sichtweise dringt in unsere Psyche ein, setzt sich dort fest, reißt unsere Gefühle und Gedanken mit sich fort. Für eine Weile ist die Welt des Buches unsere Welt. Auch das ist natürlich ein Akt der von Virginia Woolf nicht sonderlich geschätzten Penetration. Allerdings bestimmen wir in diesem Fall weitgehend selbst, in welchem Ausmaß die Ausschaltung unseres Ich mit der Penetration eines fremden Ich verbunden ist, und das schon mit der Wahl des Buches. Ich gehe davon aus, dass Sie mir zustimmen, wenn ich behaupte, dass der »King of Horror« genannte Stephen King seine Leserinnen und Leser in einem Grad penetriert, den man als »hinreißend«, »überwältigend« oder »erdrückend«, aber auch einfach als roh und rücksichtslos erleben kann. Ein Krimi von Georges Simenon oder Agatha Christie tut das schon weit weniger, weil er mir als Leser:in einen viel größeren Spielraum lässt, auch bei Ausschaltung des eigenen Ich Gefühle und

Gedanken einzubringen, die ich als mir zugehörig fühle. Mehr noch: Er ist geradezu darauf angelegt, dass ich all meine Empathie und meinen Scharfsinn mobilisiere, um die beiläufig eingestreuten Indizien zu finden und richtig zu deuten und so den Täter zu »überführen«. Und ein Roman von Virginia Woolf, etwa *Die Wellen*, ist weit davon entfernt, überhaupt penetrieren zu wollen. Vielmehr wiegt er mich auf dem Auf und Ab der Wellen seiner vielstimmigen Prosa, die sich mir immer aufs Neue entgegenwerfen, zerschellen oder auslaufen und wieder entgegenwerfen. Allerdings kommt er auch kaum noch einer Lesehaltung entgegen, die sich von einer Romanlektüre eine Sogwirkung verspricht, wie wir sie von der Lektüre in Kinder- und Jugendtagen kennen.

Dass ich beim Lesen mein Ich ausschalte, heißt also keineswegs, dass ich meine eigene Lebensgeschichte nicht einbringe. Natürlich tue ich das: Erfahrungen gemacht zu haben ist sogar die Voraussetzung dafür, sich im Gelesenen wiedererkennen zu können, die Voraussetzung dafür, dass es zwischen dem Buch und mir zu einer intensiven Beziehung kommt, dass sich der Zauber des Buches entfalten kann. Lesen heißt, das eigene Selbst für eine Zeitlang in den Urlaub schicken zu dürfen, während ein anderer und anderes die Regie in meinem Kopf übernimmt.

In mancher Hinsicht ähnelt die Situation dabei sogar unserem gewöhnlichen Leben, wenn ich ein Buch zum ersten Mal lese. Nicht nur, dass die Menschen, denen wir in Büchern begegnen, den Lebenden gleichen. Sie reden wie wir, atmen wie wir, weinen und lachen wie wir. Ebenso wenig wie im »ungeschriebenen Leben« wissen wir beim ersten Lesen, was der nächste Augenblick bringen wird, sprich was auf der nächsten Seite steht. Wir sehen zu, dass wir vorankommen, um zu erfahren, wie es weitergeht – beim Lesen wie im Leben. Und haben keine Ahnung, welche Begegnungen und Episoden bedeutsam werden, weder für unser Leben noch für die erdichteten Gestalten im Buch. Erst auf der letzten Seite dann wissen wir es – und womöglich angesichts des Todes.

Schild, Spiegel, Fenster, Tür: das wiedergefundene Ich

Andererseits verhält es sich mit dem Ich wie mit dem »Bucklicht Männlein« in dem bekannten Kinderlied: Man wird es nicht los. Und das ist, obwohl lästig, wahrscheinlich auch gut so, schon aus Gründen der Selbsterhaltung.

Womit beschäftigt sich die Romanleserin, wenn sie das Buch aus der Hand legt und nicht gleich einschläft? Womöglich erst einmal mit den drängenden Verpflichtungen, die sie während der Lektüre nicht gespürt hat und die nun mit Macht ihre Aufmerksamkeit verlangen. Gut denkbar, dass das bei ihr zunächst schlechte Laune auslöst – noch so viel zu erledigen und nur so wenig verbliebene Zeit – und den Wunsch nach schnellstmöglicher Rückkehr in den Zustand der Ich-Ausschaltung mit sich bringt. Dann bleibt das Lesen zumindest erst einmal eine Übung in Sachen Flucht aus dem Alltag.

Doch was ist mit dem Ich? Gerade noch ausgeschaltet, meldet es sich nun wieder vernehmlich und übernimmt das Kommando – vielleicht ein wenig verloren in all dem, was zu tun ist. Doch das hält kaum lange an. Denn das Ich ist gewöhnlich ein wahrer Agenda-Freak. So richtig wohl fühlt es sich, wenn dauernd ein Reminder aufblinkt und es viel abzuarbeiten gilt. Dann kommt es nicht auf dumme Gedanken und ist nicht mit all den unangenehmen oder unverarbeiteten Dingen konfrontiert, die es aus der Fassung bringen können: Angst etwa oder Scham, Lust und schreckliche Lust auf Lust, Trägheit oder Bedürftigkeit. All die Dinge, die auch in den Büchern vorkommen, bei deren Lektüre es Gott sei Dank im Off-Modus verharrt.

Wie aber die beiden Welten zusammenzubringen, die der Bücher und die des Ich im Normalzustand? Es ist schwer, eigentlich unmöglich, sich beim Lesen selbst zu beobachten. Fesselt mich das Buch, so absorbiert es all meine Aufmerksamkeit. Tut es das nicht, so ist die Begegnung mit ihm kaum tiefgreifend genug für nachhaltige Auswirkungen auf mein Fühlen und Denken. In der Tat gibt es Lesende, so wie es auch Kino- und Museumsgänger gibt, die es schaffen, ein Leben lang oder immerhin sehr lange Zeit die beiden Sphären fein säuberlich getrennt zu halten. Für diese ist Lesen in der Tat ausschließlich Eskapismus. Und ein Buch in erster Linie ein Schutzschild: gegen die Umgebung und auch gegen das leidige Ich, das andauernd Ansprüche an sie stellt, denen sie auf Dauer vielleicht gar nicht gewachsen sind. Da ist es für das Wohlbefinden zuträglich, zuweilen sogar nötig, den ganzen Kram hinter sich zu lassen und dabei den ungebändigten Gefühlen und Leidenschaften zumindest imaginären Raum zu geben. Sozialpsychologen wissen, dass medialer Eskapismus die Spannungen abbaut, die durch die alltäglich erlebten Ich- und Rollenanforderungen aufgebaut werden. Alkohol kann das auch – aber Lesen ist dann doch etwas anderes als Trinken, genauso, wie es sich vom Serienschauen oder Gamen unterscheidet. Eltern werden kaum zu ihren Kindern sagen: »Störe Mama nicht, sie trinkt«, »Pst, Mama liest« hingegen schon. Lesen ist ein gesellschaftlich und in den meisten Fällen auch familiär geduldeter Fluchtweg. Sein Ruf ist wesentlich besser als der anderer Formen von Eskapismus, und doch geht es um das Gleiche: sich davon zu machen, die Realität hinter sich zu lassen und in eine andere Welt einzutauchen.

Der sehr viel bessere Ruf des Lesens hängt natürlich mit den Eigenschaften zusammen, von denen zu Beginn des Kapitels die Rede war. Allerdings kann es sie in diesem Fall kaum ausspielen, da wenig hängen bleibt außer dem Gefühl, dass es in diesem Buch mal richtig zur Sache ging, dass man bei der Lektüre eine tolle Zeit hatte und dass es genau das richtige Buch war, das man in diesem Moment aber auch brauchte. Die meisten Menschen betrachten einen Roman wie einen Pudding, hat der Romancier Henry James gemeint: Sie lesen ihn – essen ihn auf – und das war's dann.

Doch das ist überzeichnet und wahrscheinlich vor allem Henry James snobistischer Furcht davor geschuldet, die Feinheiten in seinen Werken könnten deren Leser:innen entgehen. Ein Buch ist fast nie nur Schutzschild (oder Pudding), sondern immer auch Spiegel: Spiegel unserer Sehnsüchte und geheimen Gefühle. Spiegel unserer inneren Spannungen und Konflikte. Spiegel unserer Ängste und unserer Scham. Spiegel unserer Bedürftigkeit und vielleicht sogar unserer Verzweiflung. Richtig hingegen ist: Oftmals sehen wir bei der Lektüre ausschließlich in den Spiegel hinein und sind von dem, was er uns zu sehen gibt, derart fasziniert, gefesselt oder auch abgestoßen, dass wir gar nicht merken, dass wir selbst es sind, der uns aus dem Spiegel entgegenblickt, und dieser uns nur zu sehen gibt, was wir in ihn hineinprojizieren. Nicht wenige Menschen sind der Überzeugung, dass stets die anderen schuld sind, wenn Dinge schiefgehen oder ihren Vorstellungen zuwiderlaufen. Oder dass die vermaledeiten Verhältnisse ihnen die Tour vermasseln. Diese Menschen tun sich besonders schwer damit, in den von ihnen gelesenen Büchern ihre eigenen Konflikte, Nöte und verborgenen Gefühle wiederzuerkennen. Sie bringen sich damit um eines der besten Dinge, die die Lektüre eines Buches bewirken kann: die Erkenntnis, dass wir selbst es sind, mit denen beim Lesen etwas geschieht. Die Gefühle und Urteile der Figuren eines Romans sind ja *meine* Gefühle und Urteile, der Zorn, der Hass, der rebellische Furor des Helden oder der Antiheldin sind *mein* Zorn, *mein* Hass, *mein* rebellischer Furor. Und wenn ich diese Affekte und Gefühle abstoßend finde, so ist das *mein* Urteil, zu dem mich das Buch herausfordert. Lesen ist Herausgefordertwerden – im Extremfall nehme ich das Buch und werfe es in eine Ecke, weil ich es abstoßend oder dumm finde.

Der römische Kaiser Mark Aurel hat in seinen Selbstbetrachtungen die Vermutung geäußert, dass zwangsläufig unglücklich diejenigen seien, »die die Regungen der eigenen Seele nicht aufmerksam verfolgen«. Was das Lesen betrifft, kann jeder im Prinzip selbst zur Vermeidung dieses Unglücks beitragen. Aber auch hier gilt die Regel, dass diejenigen, die es am meisten nötig hätten, häufig dazu am wenigsten in der Lage sind. Wie ich an mir selbst und anderen beobachtet habe, gibt es jedoch Routinen, die bei dieser Übertragung auf das eigene Ich hilfreich sind. Etwa nach der Lektüre das Buch nicht direkt aus der Hand zu legen, sondern noch einmal darin zu blättern, auf der Suche nach den Stellen, die bei der Lektüre als besonders eindrucksvoll erlebt wurden oder Sätze enthielten, die man sich gerne merken oder notieren möchte. Fast zwangsläufig ziehe ich dabei eine Art Resümee des Lektüreerlebnisses und stelle mir Fragen wie die, was mich an dem Buch besonders angezogen oder abgestoßen hat und womit das zusammenhängt; und vielleicht sogar, was ich davon mitnehmen kann in mein eigenes Leben.

So wirkt der Zauber des Buches auch nach dessen Lektüre in mir weiter. Nicht wenige Leserinnen und Leser sprechen mit ihrem Partner oder Freunden

über ihre Lektüren, schildern die Emotionen, die sie in ihnen ausgelöst haben. Es gibt auch das Glück, einen anderen, an dem mir etwas liegt, davon zu überzeugen, das Buch, das mich selbst so beeindruckt hat, ebenfalls lesen zu wollen. Dass Lesende andere Lesende zur Lektüre bestimmter Bücher anstiften, ist ein wichtiger Faktor, der für den Erfolg eines Buches entscheidender sein kann als hymnische Besprechungen.

Der Königsweg aber, Ich und Buch miteinander in Kontakt und Austausch zu bringen, ist, ein Buch ein zweites Mal zu lesen. Dann entfällt nämlich die Atemlosigkeit, die die erste Lektüre genauso wie unser Leben kennzeichnet. Olof Lagercrantz hat das sehr schön beschrieben: »Jetzt ist es klar, warum jenes Erlebnis im ersten Kapitel auf die Heldin einen so starken Eindruck gemacht hat. Es war, genau genommen, entscheidend für ihr Leben. Ein Muster tritt hervor. Was unübersichtlich war, wird einfach und begreiflich. Jetzt können wir auch, ebenso wie bei Erinnerungen an unser eigenes Leben, bei besonders schönen und bedeutungsvollen Abschnitten innehalten. Wir haben keine Eile, denn wir kennen die Fortsetzung. Keine Unruhe über die Zukunft hindert uns daran, das Jetzt zu genießen.«

Bin ich aber schon so weit, ein Buch nicht nur als Schutzschild zu nutzen, um mich von der Realität abzuschotten, sondern es auch als Spiegel meiner Sehnsüchte und seelischer Spannungen zu begreifen, so ist es nur ein kleiner weiterer Schritt, in ihm auch ein Fenster zur Welt, zu meiner Welt zu sehen. Ein kleiner, aber höchst folgenreicher Schritt; denn er kann dazu führen, dass nach dem ausgeschalteten Ich nun auch die beim Lesevorgang ausgeblendete Realität wieder ins Spiel kommt. Dann gilt: Je intensiver ich mich auf die Welt des Romans und seiner Protagonist:innen einlasse, je tiefer ich in sie eintauche, desto stärker wird der Eindruck sein, mit dem ich dann wieder in meine Welt, in mein Leben mit seinen ungelösten Problemen, Hoffnungen und Erwartungen zurückkehre.

Nehmen wir als Beispiel *Jane Eyre*, den bis heute viel gelesenen, ganz wunderbaren Roman von Charlotte Brontë. Er erzählt die Geschichte eines Waisenmädchens, das überall herumgestoßen und schikaniert wird. Mit jedem Buch aber, das Jane liest – von einer Geschichte der britischen Vögel bis zu *Tausendundeine Nacht* –, legt sie an Selbstbewusstsein zu, und statt sich, wie von ihr erwartet, weiterhin zu unterwerfen, macht sie sich irgendwann in die Welt auf und schafft dort, in der Fremde, die Voraussetzungen für ein eigenes mögliches Glück. Der Mann, der sie später liebt, wird zu ihr sagen: »Hin und wieder erspähe ich zwischen den engen Käfigstäben einen merkwürdigen Vogel, einen lebhaften, unruhigen, beherzten Gefangenen, der, wenn er frei wäre, bis zu den Wolken flöge.« Da hat sich Jane schon längst in die Lüfte geschwungen. Natürlich gibt es viele Einzelaspekte, die die Leserinnen des Romans von dieser Figur trennen – das war Mitte des 19. Jahrhunderts, als das Buch zuerst erschien, nur bedingt anders als heute. Aber der Schwung, der von Jane plötzlich ausgeht, dieses Streben nach Freiheit und dieser irre Glaube an sich selbst – kann ich den nicht auch an mir entdecken, selbst wenn meine Lebensumstände sehr anders sind? Ich muss nicht wie die Mehrzahl der Leserinnen vor mehr als 150 Jahren ein »eingezogenes« Leben führen, wie man das damals nannte, meine Lebens- und Welterfahrung muss nicht in diesem Maße reduziert sein, um einen Zugang zu Jane und ihrem Fühlen, Denken und Handeln zu bekommen. Es geht weniger um das historische Setting, es geht mehr um die Art des »In-der-Welt-Seins«, die mir in einer Figur wie Jane Eyre entgegenkommt und während der Lektüre jene Stelle ausfüllt, die ansonsten mein ängstlich verharrendes, vielfach gehemmtes, nicht besonders mutiges Ich besetzt. Nicht sofort, nicht unmittelbar im Anschluss an die Lektüre und auch nicht schon beim ersten Buch mögen solcher temporären Identifikation mit einem besseren, willensstärkeren Ich dann auch Taten folgen. Manche zögern ihr ganzes Leben lang und verstecken sich lieber hinter den Büchern, statt selbst die Initiative zu ergreifen und dabei auch das Risiko des Scheiterns in Kauf zu nehmen. Für einige aber verwandelt sich das Fenster mit der Zeit in eine Tür, die nicht nur den Blick, sondern auch den Weg in die Freiheit zu einem veränderten Leben freigibt. Das Lesen ist dann nicht nur Ent-Hemmung, es wird auch zu einem Akt der Initiation, einem Ritual des Übergangs zu einem veränderten Ich und womöglich in eine neue Lebenswirklichkeit.

Lesen kann (und darf ruhig auch) Flucht sein. Aber es muss sich keineswegs darin erschöpfen. Es kann auch Aufbruch sein, Beginn eines Prozesses, der zeigt, dass mehr in uns steckt, als die anderen und vielleicht auch wir selbst vermuten.

Kapitel 3

DER GEFÄHRLICHE AUGENBLICK

Wenn du lesen lernst«, soll die englische Schriftstellerin Rumer Godden zu ihrer Tochter gesagt haben, »wirst du noch einmal geboren, und es ist ein Jammer, dass man schon so früh wiedergeboren wird. Sobald du lesen lernst, wirst du nie mehr etwas nur als das sehen, was es ist. Alles wird sich ständig ändern durch das, was du liest. Du wirst nie mehr ganz allein sein.« Die Beschreibungen des Moments, in dem Kinder sich dessen bewusst werden, »ganze Bücher« selbst lesen und über ihren Lesestoff autonom entscheiden zu können, ähneln einander, unabhängig von der kulturellen, historischen oder individuellen Situation. Nicht immer wird dieser Entwicklungssprung ausschließlich als Gewinn erlebt; gerade im Rückblick drängt sich mitunter der Verdacht auf, dass es sich auch um einen Verlust gehandelt haben könnte. Bei allem Positiven schwingt selbst in den Worten von Rumer Godden die Erfahrung der verlorenen Unschuld mit. Lesen lernen ist ein Akt der Initiation, und wer ihn durchgemacht hat, für den ist die Welt unwiederbringlich eine andere geworden.

Die Schriftsprache ist menschheitsgeschichtlich betrachtet eine relativ junge Errungenschaft – kaum älter als 5000 Jahre. Zu durchaus nicht wenigen der heute noch gesprochenen Sprachen gibt es keine Schrift. Evolutionsbiologen gehen davon aus, dass Lesen und Schreiben für unsere Vorfahren weder überlebensnotwendig noch unabdingbar waren. Das spiegelt sich in unserer individuellen Entwicklung: Während Kinder das Sprechen gleichsam wie von selbst erlernen, findet der Erwerb der Lese- und Schreibfertigkeit um einiges später statt und ist mit wesentlich mehr Mühen und Möglichkeiten des Scheiterns verbunden. Pädagogen und Psychologen, die sich mit dem Erwerb der Lesefertigkeit beschäftigen, beschreiben die Wichtigkeit des Übergangs vom entziffernden zum flüssigen Lesen. Während sich beim Leser im Verlauf dieses Übergangs die Illusion einstellt, sein Blick gleite gleichförmig über die Zeilen, verkürzt sich, wie die Neuropsychologie zeigen konnte, in Wirklichkeit

Ein kleiner Junge liest in der Pessach-Haggada, um 1938

die Dauer der einzelnen Fixationen beim Lesen, und die Blicksprünge werden größer. Lesen wir Buchstabe für Buchstabe, Silbe für Silbe, so ist die Zahl der Fixationen pro Zeile ungleich größer, als wenn wir mit einem Blick ganze Wörter, Wortfolgen oder Wendungen erfassen. Die Genauigkeit der Erfassung der Information nimmt dabei natürlich ab; andererseits erlaubt uns der dadurch ermöglichte Zeitgewinn nicht nur, das Lesetempo zu beschleunigen, sondern mit unserem Vorstellungs- und Denkvermögen auch über die im Lesen aufgenommene Information hinauszugehen, sie anzureichern mit Gefühl, Phantasie und Reflexion. Mit dem Lesenkönnen entwickelt sich eine Art sechster Sinn, der der Unmittelbarkeit der anderen Sinne die Spitze abbricht. Die Welt ist von nun an nicht mehr bloß alles, was die Augen sehen, die Ohren hören, die Zunge schmecken, die Nase riechen und die Finger ertasten können. Sie ist »mehr« geworden, und dieses »Mehr« verlangt nach Deutung.

Lesen lernen mit Simplicissimus

Dazu ein Beispiel aus der Literatur. Der 1668 erschienene erste deutsche Roman von Weltrang, *Der abenteuerliche Simplicissimus Teutsch* von Hans Jakob Christoffel von Grimmelshausen, schildert im ersten Buch die Odyssee seines Helden durch die Landschaften des Dreißigjährigen Krieges. Der auf einem ärmlichen Bauernhof im Spessart aufwachsende Simplicissimus hat in seiner Kindheit nichts gelernt, außer mehr schlecht als recht Schweine, Ziegen und Schafe zu hüten. »Ich war so perfekt und vollkommen in der Unwissenheit, dass mir unmöglich war zu wissen, dass ich gar nichts wusste«, beschreibt er im Nachhinein sein »Eselsleben«. Als Zehnjähriger muss er erleben, wie Soldaten ihn beim Schafehüten überfallen, die Herde wegtreiben und daraufhin Haus und Hof seiner Eltern plündern und brandschatzen; sein Vater, den er in hessischer Mundart nur als »Knan« bezeichnet, die Knechte und die Bauern werden auf grausame Weise zu Tode gefoltert, seine Mutter und seine Schwester von den Soldaten vergewaltigt. Er selbst kann in den ihm bislang unbekannten Wald entkommen, wo er von der Dunkelheit überrascht wird und völlig erschöpft einschläft. Beim Aufwachen bietet sich ihm durch das Dickicht des Waldes hindurch ein schreckliches Bild: Das väterliche Haus steht »in voller Flamme«, ohne dass jemand »zu löschen begehrt«. Er reißt sich von dem Anblick los, irrt durch den Wald, bis ihn schließlich ein alter Eremit entdeckt, der ihn

beherbergt, ihm zu essen und zu trinken gibt und ihn mit der Zeit, wie es heißt, von einer »Bestia« zu einem »Christenmenschen« erzieht. Und das geht so:

Als der Knabe einmal beobachtet, wie der Einsiedler in ein Buch – die Bibel – schaut, versteht er zuerst nicht, was dieser da treibt; scheint er doch in ein ernsthaftes Gespräch vertieft zu sein, ohne dass jemand anderer anwesend wäre, mit dem er sich unterhalten könnte. Dazu muss man wissen, dass es lange Zeit üblich war, laut und nicht leise zu lesen. Das stille Lesen ist zwar eine Erfindung des Mittelalters, aber es hat auch in unseren Breiten sehr lange gedauert, bis es sich allgemein durchgesetzt hat. Zu Grimmelshausens Zeiten war das laute Lesen durchaus noch gang und gäbe, zumal wenn niemand zugegen war, der sich dadurch gestört fühlen konnte. Überhaupt, lesen zu können bildete damals die

Ausnahme; schätzungsweise gerade einmal zehn Prozent der Bevölkerung hatten es gelernt, und noch viel weniger waren in der Lage zu schreiben.

Doch von alldem weiß der zehnjährige Analphabet nichts, dem ein Rätsel bleiben muss, was der Alte da macht. Klar ist ihm lediglich, dass es mit dem Gegenstand zu tun hat, in den er hineinblickt. Als der Alte das Buch beiseitelegt, sieht der Knabe die Gelegenheit gekommen, selbst einen Versuch zu wagen. Dabei fesseln farbige Holzschnitte seine ganze Aufmerksamkeit. Da er meint, der Eremit habe mit diesen Bildern geredet, versucht er nun gleichfalls, mit ihnen ins Gespräch zu kommen. Als er ohne Antwort bleibt, wird er ungeduldig und sagt: »›Ihr kleinen Hudler [= Lumpen], habt ihr denn keine Mäuler mehr? Habt ihr nicht allererst mit meinem Vater (denn also musste ich den Einsiedel nennen) lange genug schwätzen können? Ich sehe wohl, dass ihr auch dem armen Knan seine Schaf heimtreibt, und das Haus angezündet habt, halt, halt, ich will dies Feuer noch löschen.‹ Und damit steht er auf, um Wasser zu holen. ›Wohin Simplici?‹, fragt ihn der Eremit, der in der Zwischenzeit unbemerkt hinter ihn getreten ist. ›Ei Vater‹, sagt der Knabe, ›da sind auch Krieger, die haben Schaf, und wollens wegtreiben, sie habens dem armen Mann genommen, mit dem du erst geredet hast, so brennet sein Haus auch schon lichterloh, und wenn ich nicht bald lösche, so wird's verbrennen‹, und mit diesen Worten zeigt er mit dem Finger auf die Bilder.«

Was passiert da? Der Knabe sieht die Holzschnitte, und sofort geht mit ihm die Erinnerung an das traumatische Ereignis des Überfalls auf den elterlichen Hof durch. Er will nachholen, was er seinerzeit nicht vermochte: das Feuer zu löschen und die Eltern zu retten. Es ist deshalb nicht ganz korrekt, dass die »Tafel seiner Seele« bis zu der Begegnung mit dem Einsiedler leer geblieben ist, wie es im Roman einige Seiten zuvor geheißen hatte. Unauslöschlich hat sich der Seele des Jungen nämlich das Bild des Überfalls und des brennenden Elternhauses eingeprägt; es genügt ein kleiner visueller Hinweis, und er wird von der Erinnerung daran förmlich überschwemmt. Doch der Einsiedler weiß ein Kraut, das dagegen gewachsen ist. »Diese Bilder leben nicht«, verkündet er, »sie sind nur gemacht, uns vorlängst geschehene Dinge vor Augen zu führen.« Was aber »ihr Tun und Wesen« sei, könne er den »schwarzen Linien« entnehmen, und das nenne man Lesen. Nicht mit den Bildern habe er geredet, sondern besagte schwarze Linien vorgelesen.

So erfährt der Junge, dass es beim Bücherbetrachten um die Schriftzeichen geht, die er bislang noch gar nicht beachtet hat. Das Wesentliche in dem

Buch sind nicht die anschaulichen Bilder, sondern die abstrakten Zeichen, die »schwarzen Linien«. Wer diese zu entziffern versteht, den springen die Bilder nicht mehr in der Direktheit an, wie er es erleben musste. Die schwarzen Linien nehmen ihnen und vor allem den durch sie wachgerufenen Erinnerungen ihre Absolutheit und unterlegen sie mit einem anderen Text – jedenfalls für den, der zu lesen vermag. Und genau dies wird der kleine Simplicissimus nun rasch vom Eremiten lernen – erst zu buchstabieren, dann flüssig zu lesen und schließlich zu schreiben, und dies besser als sein Lehrer selbst.

Max Arenz, »Der letzte Mohikaner«, 1909

Eine andere Welt

Lesen verschafft uns also Distanz zum Absolutismus unserer sinnlichen Eindrücke und den damit verbundenen, bisweilen traumatischen Erinnerungen – dies zeigt die geschilderte Szene aus dem *Simplicissimus*. Während die Bilder den Menschen faszinieren und in Beschlag nehmen, ermöglicht ihm das Lesen und später dann das Schreiben einen freieren, kontrollierten Umgang mit den Dingen der Welt. Ist die Distanz erst einmal hergestellt, tendieren wir jedoch schnell dazu, die Welt der Bücher und der in ihnen erzählten Geschichten für eine eigene, ja für die eigentliche Welt zu halten, die der Realität überlegen ist.

Die Zeugnisse, die diese Umkehrung als die prägende erste Leseerfahrung festhalten, sind Legion. »Wenn ein Kind lesen gelernt hat und gerne liest, entdeckt und erobert es eine zweite Welt«, meinte etwa Erich Kästner, der von *Emil und die Detektive* bis hin zu *Der kleine Mann* viele mir unvergesslich bleibende Romane für Kinder geschrieben hat. Und er fuhr fort: »Das Land des Lesens ist ein geheimnisvoller, unendlicher Erdteil. Aus Druckerschwärze entstehen Dinge, Menschen, Geister und Götter, die man sonst nicht sehen könnte. Wer noch nicht lesen kann, sieht nur, was greifbar vor seiner Nase liegt oder steht [...] Wer lesen kann, hat ein zweites Paar Augen.«

Sein ganzes Dasein, schrieb der englische Dichter Samuel Taylor Coleridge über seine Kindheit, habe seinerzeit darin bestanden, »die Augen vor jedem Gegenstand der realen Welt zu verschließen, mich in einem sonnigen Winkel zu verkriechen und dort zu lesen, zu lesen und zu lesen, mich auf Robinson Crusoes Insel zu versetzen, sie mir dann als einen Berg von Rosinenkuchen vorzustellen, in den ich ein Zimmer für mich hineinfraß und dann die Formen von Tischen und Stühlen«. Die sehr konkrete Phantasie des Kindes neigt dazu, die eigene Lebenswelt mit dem Gelesenen buchstäblich auszustaffieren: Das breite Trottoir vor dem Haus, auf dem sich in der Regel nur brave Bürger blicken lassen, wird dann zur engen, zugigen Gasse, in der finstere Gestalten ihren zwielichtigen Geschäften nachgehen, und das seit Jahren brachliegende, wellige Feld hinter dem Haus beherbergt geheimnisvolle Eingänge in die unterirdische Stadt der goldenen Schatten. In seiner bereits zitierten *Geschichte des Lesens* schildert Alberto Manguel sehr intensiv, wie die Bücher, die er als Junge las, Erfahrung bereits vorwegnahmen und dementsprechend präformierten. »Wenn ich irgendwann später einem Vorfall, einer Szene oder einem Charakter begegnete, die mich an etwas erinnerten, was ich gelesen

hatte, stellte sich gewöhnlich das befremdliche und ein wenig enttäuschende Gefühl eines déjà vu ein, weil ich meinte, das gegenwärtige Geschehen sei mir – als etwas Gelesenes – schon einmal widerfahren und bereits benannt worden.« Eine extreme Ausprägung dieser Haltung, die Welt nicht ausgehend von den Dingen, die wir mit unseren Sinnen wahrnehmen, kennenzulernen und zu beurteilen, sondern so, wie die Bücher sie uns darbieten, hat der französische Schriftsteller und Philosoph Jean-Paul Sartre in *Die Wörter* beschrieben: »Ich habe mein Leben begonnen, wie ich es zweifellos beenden werde: inmitten von Büchern [...] Man ließ mich in der Bibliothek vagabundieren, und ich stürmte los auf die menschliche Weisheit. So bin ich geworden [...] Platoniker meines Zeichens, ging ich den Weg vom Wissen bis zur Sache; ich fand an der Idee mehr Wirklichkeitsgehalt als an der Sache selbst, denn die Idee ergab sich mir zuerst, und sie ergab sich mir wie eine Sache. Ich habe die Welt in den Büchern kennengelernt [...]« Hier, so Sartre im Rückblick, sei jener Idealismus entsprungen, den er erst dreißig Jahre später hinter sich gelassen habe.

DER GEFÄHRLICHE AUGENBLICK

Von der Mantik des Lesens

Man kann demnach dem englischen Schriftsteller Graham Greene nur Recht geben, wenn er den Moment, in dem uns bewusst wird, lesen zu können, einen »gefährlichen Augenblick« nannte. Gefährlich ist dieser Augenblick laut Graham Greene vor allem deshalb, weil wir mit den Büchern, die wir aus den Regalen holen, um sie zu lesen, auch unsere Zukunft heranholen. Greene ging davon aus, dass die Bücher, die wir als Kind lesen, einen besonderen, nachhaltigen Einfluss auf uns ausüben, der weit über diese Lebensphase hinausreicht. In der Kindheit, so schrieb er, seien alle Bücher Wahrsagungsbücher: »Sie erzählen uns von der Zukunft, und ebenso wie der Wahrsager, der eine weite Reise oder Tod durch Wasser aus den Karten herausliest, beeinflussen sie die Zukunft.« Das ist nicht so zu verstehen, als stünde die Zukunft bereits schicksalhaft fest und die gelesenen Bücher würden uns sagen, was uns erwartet. Im Gegenteil: Die Bücher, die wir in der Kindheit lesen, bestimmen diese Zukunft mit, weil sie unsere Wünsche und Vorstellungen sowie vor allem das Bild mitprägen, das wir von uns selbst haben. Ein jedes Buch, das er in einer Mischung aus Lust und Angst las, sei ein Kristall gewesen, »und das Kind träumte, es sähe darin das Leben seinen Gang nehmen«, schrieb Graham Greene im Rückblick. Manche Szenen seiner Lieblingsbücher hätten sich so stark seinem Gedächtnis eingeprägt – etwa das nächtliche Kartenspiel eines zum Tode Verurteilten, während eine Feinde nebenan sein Grab schaufelten –, dass die Erinnerung daran erst zur Ruhe gekommen sei, als er einem seiner eigenen Romane die Schilderung eines ähnlichen Kartenspiels einverleibt habe.

Ich nenne diesen Aspekt des Lesens seine mantische Dimension. Wohl ist er in der Kindheit am reinsten ausgeprägt, er bestimmt aber die Faszinationskraft des Lesens auch späterhin entscheidend mit. Mit Mantik bezeichnete man in der Antike die Kunst des Sehers, der entweder aus sich heraus oder über die kundige Interpretation natürlicher Zeichen ein »Wissen« davon hat, was war, ist und sein wird. Berühmte traditionelle mantische Techniken waren etwa die Deutung der Eingeweidestruktur von Opfertieren, vorgenommen vom Haruspex, einem eigens dafür bestimmten Priester; die Vogelschau, die sogenannten Auspizien, bei denen Auguren aus dem Flug oder dem Geschrei von Vögeln weissagten; die Hydromantie, die Weissagung aus der Form von Wasser; die Nekromantie, die Weissagung durch Kontakt mit Toten, oder auch die Aeromantik, die Weissagung aus der Form von Wolken. Zur Mantik gehören in gewisser Weise auch die Astrologie, die Weissagung aus dem Stand der Gestirne bei der Geburt, oder die in letzter Zeit auch in Europa berühmt gewordenen indischen Palmblattbibliotheken, in denen die Lebensläufe von allen Menschen verzeichnet sein sollen. Das *Concise Lexicon of the Occult* zählt nicht weniger als 93 unterschiedliche Methoden der Mantik auf. Mit Ausnahme der Palmblattbibliotheken handelt es sich um Formen, Nichtgeschriebenes lesbar zu machen, natürliche Spuren nach bestimmten Kriterien und im Hinblick auf bestimmte Muster zu deuten und daraus einen Sinn zu entnehmen.

Nicht alle traditionellen Formen der Mantik gingen davon aus, wahre Aussagen über die Zukunft zu machen. Die nach römischem Brauch vor wichtigen staatlichen Entscheidungen einzuholenden Auspizien und Haruspizien etwa dienten lediglich der Einschätzung, ob die Götter hinsichtlich bestimmter Entschlüsse günstig oder ungünstig gestimmt waren. Die durch Priester getroffene Einschätzung konnte im Nachhinein sogar korrigiert werden, und beide, die Vorausdeutung wie auch deren Korrektur, bedurften der Ratifizierung durch den Senat. Diese Form der Mantik hatte kaum noch objektivistischen Charakter; ihre Funktion im komplexen Prozess der Entscheidungsfindung war es nicht, diese herbeizuführen und zu begründen, sondern sie weiter abzusichern. Darin steckte ein durchaus rationales Motiv: Da allen Entscheidungen ein Moment der Willkür innewohnt und immer Unwägbarkeiten bleiben, gibt es sanktionierte, wir würden ergänzen: zufallsgesteuerte Verfahren der Bestätigung, die dazu beitragen, dass aus gefällten Entscheidungen auch sichere, von vielen geteilte Überzeugungen werden können.

Die unter dem Begriff Mantik zusammengefassten Interpretationstechniken repräsentieren eine Form des Wissens, an die sich keine im heutigen Sinne wissenschaftlichen oder rationalen Maßstäbe anlegen lassen. Zur Lebensbewältigung sind wir aber noch immer auf solche vorrationalen, »weichen« Formen des Wissens angewiesen, insbesondere dort, wo es um Unwägbarkeiten geht und eine rasche Orientierung notwendig ist. Was aber wäre unwägbarer als jene bangen Fragen, die im Zentrum jedes Bemühens um Selbsterkenntnis stehen: Wer bin ich? Wie bin ich zu dem geworden, der ich bin? Was wird wohl aus mir?

Die Zukunft steht in den Bücherregalen

Graham Greene ging davon aus, dass Literatur auf solche Fragen sehr konkrete Antworten gibt. So glaubte er auch das Buch benennen zu können, das aus ihm mit vierzehn Jahren einen Schriftsteller gemacht habe: *The Viper of Milan* von Marjorie Bowen, eines der vielen Pseudonyme von Gabrielle Margaret Vere Campbell, die Romane genauso verfasste wie phantastische Erzählungen, Jugendbücher und Krimis, Biografien und Dramen und ihre insgesamt 150 zu Lebzeiten erschienenen Bücher noch unter vielen anderen Namen veröffentlichte. Mit der Lektüre dieses historischen Romans, der im Italien des 14. Jahrhunderts spielt und den dramatischen Konflikt zweier Gegenspieler effektvoll ausleuchtet, sei die Zukunft, so Greene, »auf Gedeih und Verderb wirklich zum Zuge gekommen«: »Von diesem Augenblick an begann ich zu schreiben.«

Entscheidend sei dabei gar nicht so sehr gewesen, was in dem Buch stand, welche Geschichte es erzählte und welche Sicht auf die Welt es dem jungen Leser Graham Greene vermittelte. Etwa, dass die menschliche Natur nicht gut und böse, schwarz und weiß ist, sondern bestenfalls schwarz und grau; oder dass über jedem Gelingen ein Verhängnis liegt und das Pendel auf dem Höhepunkt des Erfolgs nach der anderen Seite auszuschlagen beginnt. Entscheidend sei gewesen, *wie* er las. Denn er benutzte das Buch als Vergrößerungsglas und Scharfzeichner, um die Welt, in der er aufwuchs und es zu etwas bringen sollte, klarer und genauer zu sehen. Wenn er sich umgesehen habe, so Greene, sei seine Umgebung voll mit Figuren gewesen, die wie aus Marjorie Bowens Roman gestiegen zu sein schienen. Gian Galeazzo Visconti etwa, den Herzog von Mailand, »mit seinem Talent für das Böse«, entdeckte er in einem Nachbarn im schwarzen Sonntagsanzug: »Sein Name war Carter. Er terrorisierte seine Umgebung von weitem«. Einem beweglichen Scheinwerfer gleich warf die im Roman erzählte Geschichte das Licht der Erkenntnis aus der Vergangenheit auf die Welt, die ihm bislang weitgehend unverständlich erschienen war, und deutete zugleich die eigene Zukunft in ihr. »Vierzehn Jahre lang hatte man ohne Landkarte in einem Dschungelland gelebt, doch jetzt waren die Wege geebnet, und natürlich musste man auf ihnen weitergehen.«

Auch die hochbegabte Susan Sontag, die nach dem frühen Tod des Vaters in einem heruntergekommenen kleinen Trailer am Rande Tucsons aufwuchs, erlebte ihren gefährlichen Augenblick. Da ist sie zwölf, bereits eine Vielleserin und stößt auf Jack Londons stark autobiografischen Künstlerroman *Martin*

Eden. London erzählt dort die Geschichte eines Matrosen, der wie er selbst – und wie Susan, die Leserin des Romans, eben auch – aus ärmlichen Verhältnissen stammt, anfangs ungeschliffen und unkultiviert ist, dafür aber über Vitalität und einen wachen Geist verfügt. Entscheidend für ihn wird die Begegnung mit Ruth Morse, einer Studentin der Englischen Literatur aus der Mittelschicht, die ihn dazu bringt, sich autodidaktisch zu bilden. Tage und Nächte verbringt er nun mit der Lektüre von Büchern, die er kostenlos aus einer Free Library entleiht. Nicht zuletzt, um Ruth zu gewinnen, wird Martin zum Schriftsteller. Der Erfolg aber bleibt ihm versagt: Reihenweise lehnen Verlage und Zeitungsredaktionen seine Manuskripte ab. Und auch Ruth kann dem Realismus seiner Texte nichts abgewinnen, die sie im Vergleich zu den von ihr geliebten viktorianischen Romanen als unfein empfindet. So zerbricht die Beziehung, doch genau in diesem Moment stellt sich aus äußerlichen, von Martin letztlich nicht akzeptierten Gründen der Erfolg ein: Seine Bücher werden Bestseller. Enttäuscht von Ruth

DER GEFÄHRLICHE AUGENBLICK

Lesende Geisha, Japan 1904

und angeekelt von der Unaufrichtigkeit der bürgerlichen Moral ist Martins Lebenswille, für den er von allen bewundert wurde, gebrochen.

So kommt es, dass die junge Susan, deren Berufsziel nach der Lektüre einer Marie-Curie-Biografie gerade noch Chemikerin in Paris war, sich nun zur Schriftstellerin berufen fühlt – möglichst abzüglich des düsteren Schicksals, das Jack London seinem Helden bereitet. Als sie *Martin Eden* einige Jahre später, da ist sie mittlerweile siebzehn, noch einmal liest, notiert sie in ihr Tagebuch: »Die Lektüre von Londons Roman fiel genau in die Zeit, als ich das Leben bewusst wahrzunehmen begann.« Das sei schon daran zu erkennen, dass sie gegen Ende des zwölften Lebensjahres mit diesen Notizbüchern angefangen habe. »Es gibt keinen Gedanken in *Martin Eden*«, so fährt sie fort, »zu dem ich nicht eine tiefe Überzeugung hätte.« Viele ihrer Anschauungen hätten sich unter der direkten Einwirkung dieses Romans herausgebildet: »mein Atheismus + der große Wert, den ich auf körperliche Energie und deren Ausdruck lege, Kreativität, Schlaf und Tod, und die Möglichkeit von Glück!«

Die Betonung liegt dabei auf »Möglichkeit«; denn schließlich erzählt *Martin Eden* vor allem von den Hindernissen, die der Verwirklichung des Glücks, nach einem ersten Kosten davon, entgegenstehen, und wie es verspielt werden, unter die Räder kommen kann. »Bei vielen Leuten«, so Susan Sontag weiter, wirke »das ›erste entscheidende Buch‹ zugleich ausgesprochen bestärkend.« Dadurch sei ihre Jugend »von hoffnungsvoller Leidenschaft erfüllt«, und erst später, im Erwachsenenalter, Richtung Lebensmitte, »begegnen sie der Desillusionierung«. Ihr Buch hingegen »predigte Verzweiflung + Niederlage«. Und gab ihr zusammen mit dieser frühen Enttäuschung und Warnung doch auch eine Ahnung von der Energie, der Radikalität und dem Beharrungsvermögen, die es aufzubieten galt, wollte sie dem ursprünglichen Plan Martin Edens treu bleiben, sich als Outcast in der Welt Anerkennung zu verschaffen, indem sie ein Leben als Schriftstellerin führt. Auch den Konflikt mit der bürgerlichen Welt und ihren Konventionen wie Eheschließung, akademische Karriere und der Unterwerfung unter einen Mann wird sie nicht scheuen. Zum richtigen Zeitpunkt verlässt sie den vorgezeichneten Lebensweg und geht in der Tat nach Paris, um sich dort als freie Schriftstellerin zu etablieren. Letztlich bleibt sie einer Einsicht treu, die sie, noch lange vor ihrer Verehelichung, nach einer ersten Liebesnacht mit einer Frau in ihrem Tagebuch notiert und die von Jack Londons Held Martin Eden stammen könnte: »Es gibt nichts, nichts, was mich davon abhält, was auch immer zu tun – abgesehen von mir selbst.«

DER GEFÄHRLICHE AUGENBLICK

Das meine ich mit Mantik: Unter den wissbegierigen und erfahrungshungrigen Augen des vierzehnjährigen Graham Greene oder der zwölfjährigen Susan Sontag werden die von ihnen gelesenen Bücher zu einer Methode der Weissagung, um etwas über die Welt und das eigene Leben in der Welt herauszufinden. Eine derart entscheidende Rolle spielen können sie allerdings nur deshalb, weil die Zukunft eben offen und der Lebensweg gerade nicht vorherbestimmt ist – das ist die Pointe der Überlegungen beider über die weissagende Kraft der von ihnen gelesenen Bücher. In ihnen steht nicht, wie die Zukunft werden wird, sondern sie verhelfen Leserin und Leser zu der Erkenntnis, dass das von ihnen gewählte Buch für sie die Wahrheit sagt. Buch und Leserin teilen sich gewissermaßen die Funktion des Sehers: Das Buch interpretiert die Welt, und die Leserin erkennt sich darin wieder; sie hat eine Intuition, und das Buch entfaltet diese zu einer Anschauung von der Welt. Der Augenblick, in dem junge Leser auf »ihr« Buch stoßen, ist deshalb gefährlich, weil er mit dem Augenblick zusammenfällt, in dem ihnen bewusst wird, dass die Zukunft nun in ihrer Hand liegt; sie wird das gewesen sein, was sich aus ihren Entscheidungen ergeben haben wird. Solange er nicht lesen konnte, meinte Greene, sei er in Sicherheit gewesen – »die Räder bewegten sich noch nicht, aber nun stand die Zukunft überall auf Bücherregalen umher und wartete darauf, dass das Kind wähle – vielleicht das Leben eines geprüften Buchhalters, eines Kolonialbeamten, eines Pflanzers in China, eine solide Tätigkeit in einer Bank, Glück und Elend, unter Umständen eine besondere Todesart, denn gewiss wählen wir unseren Tod etwa so, wie wir unseren Beruf wählen.« Der gefährliche Augenblick wiederholt sich also immer dann, wenn wir zu einem Buch greifen und seine Lektüre uns Antwort auf unsere Frage gibt, wie wir leben sollen. Indem wir dem Buch diese Antwort entnehmen, bannen wir auch die entstandene Gefahr. Oder anders gesagt: Das Buch, das uns die Krise vor Augen führt, dient im besten Fall ebenfalls ihrem Management. So erging es Graham Greene mit *The Viper of Milan* und Susan Sontag mit *Martin Eden*. In dem Maße, wie sie in diesen Büchern ihre geheimsten Befürchtungen und argwöhnischsten Vermutungen über die Welt bestätigt fanden, wuchs in ihnen auch der Entschluss, selbst solche Bücher zu schreiben. Die Lektüre wurde zu einem Akt der Neugeburt.

Herzogin Anna Amalia Bibliothek. Rokokosaal, vor dem Brand von 2004

Nimm und lies

Berichte über schicksalhafte Begegnungen mit einem Buch, die das Leben des Lesers nachhaltig veränderten, kennen wir viele in unserer Kultur. In einer bis heute stark christlich geprägten Welt spielte dabei insbesondere die Bibel eine Rolle, die lange Zeit als das Buch schlechthin galt. Eine der eindrucksvollsten Schilderungen einer solchen lebensverändernden Lektüre verdanken wir Augustinus (354–430 n. Chr.), der mit seinen *Confessiones*, den *Bekenntnissen*, so etwas wie die erste moderne Autobiografie vorgelegt hat, und das lange vor dem Aufbruch in die neuzeitliche Welt, auf der Scheitelhöhe zwischen heidnischer Antike und christlicher Neuzeit. In diesem Buch hat es ein Mensch zum ersten Mal unternommen, die geheimnisvolle Tiefe der eigenen Seelenregungen darzustellen. Augustinus schildert bereits seelische Vorgänge, die Entwicklungspsychologie und Verhaltensforschung erst Jahrhunderte später systematisch erforscht haben. Er beschreibt die ersten Regungen des Säuglings genauso wie das Hineinwachsen des Kleinkindes in die menschliche Gemeinschaft, er bringt uns das Aufbegehren und Geltungsbedürfnis des Jugendlichen ebenso nahe wie die sexuellen Nöte der Pubertät. In einer Schlüsselszene des gesamten Werks – der berühmten Bekehrungsszene des achten Buches – schildert er auch die mantische Wirkung des Lesens.

Die Szene spielt in Augustinus' Mailänder Wohnung. Augustinus ist 32 Jahre alt; aufgrund einer tiefgreifenden körperlichen, seelischen und intellektuellen Krise musste er vor Kurzem von seiner Rhetorikprofessur zurücktreten. Inzwischen weiß er wohl, was das Richtige für ihn wäre – nämlich mit der Welt zu brechen und ganz für den Glauben und die Schriftstellerei zu leben –, aber er zweifelt weiterhin an seiner Fähigkeit, das als richtig Erkannte umzusetzen. Die Zwänge der Gewohnheit binden seinen Geist und seine Seele, auch wider seinen Willen. Er vergleicht seine Situation mit der eines Erwachenden, dem der schwere und süße Taumel der Schläfrigkeit noch in den Gliedern steckt und der es deshalb immer weiter hinauszögert, den Schlaf gänzlich von sich abzuschütteln und sich aus dem Bett zu erheben, obwohl es an der Zeit wäre aufzustehen.

Unerwartet kommt ein Landsmann des in Afrika geborenen Augustinus zu Besuch und entdeckt auf dem Spieltisch die Briefe des Apostels Paulus. Verwundert, ein solches Buch hier vorzufinden, erzählt er Augustinus und seinem Freund Apylius von Menschen, denen es gelungen ist, auf die durch materielle

Güter vermittelten, jedoch für ein wahres Leben ungenügenden Annehmlichkeiten zu verzichten. Dieser Bericht bereitet die entscheidende Wende vor. Alle Argumente, die gegen den Entschluss sprechen, das bisherige Leben aufzugeben, sind damit widerlegt, und es bleibt nur »die stumme Angst, sich loszumachen von dem Flusse der Gewohnheit«. In dieser Situation stürmt Augustinus hinaus in den Garten und wirft sich unter einem Feigenbaum zu Boden. Er weiß nicht mehr, was er tun soll, und lässt sich fallen ins Weinen. Unter einem Schleier von Tränen hört er auf einmal die Stimme eines Kindes im Singsang wiederholen: »Tolle, lege; tolle, lege« – nimm es und lies es, nimm und lies. Da ihm ein Lied mit einem solchen Refrain nicht bekannt ist, weiß er keine andere Deutung, als dass diese Botschaft für ihn bestimmt sein muss. Er hört auf zu weinen, läuft zurück ins Haus, schlägt den dort liegenden Band mit den Paulus-Briefen auf und liest still für sich den Abschnitt, auf den sein Auge zuerst fällt. Dabei handelt es sich um die Stelle im Brief an die Römer mit der Ermahnung, den Tag nicht mit Fressen und Saufen, nicht mit Schlafen und Huren, Zank und Neid zu verbringen, sondern den Herrn Jesus Christus anzuziehen, so wie man sich ein neues Kleid überstreift und dadurch auch eine veränderte Lebensweise annimmt. »Weiter wollte ich nicht lesen«, schrieb Augustinus, »und weiter war es auch nicht nötig. Denn kaum war dieser Satz zu Ende, strömte mir Gewissheit wie ein Licht ins kummervolle Herz, so dass alle Nacht des Zweifelns verschwand.«

Bewusst habe ich den religiösen Kontext dieses Bekehrungserlebnisses weitgehend ausgeblendet. Denn die durchs Lesen bewirkte Neugeburt, die Augustinus hier effektvoll schildert, lässt sich ohne Weiteres von der Folie christlicher Welt- und Sinnenfeindlichkeit ablösen. Lesen, so die auch heute noch aktuelle Botschaft der *Bekenntnisse*, kann ein Mittel zur Selbstveränderung und Selbsterneuerung sein. Es kann uns dort Gewissheit und Zuversicht schenken, wo nagende Selbstzweifel und die »bitterste Zerknirschung des Herzens« uns ansonsten zu fortgesetzter Unschlüssigkeit und Ängstlichkeit verurteilen würden. Das mantische Verfahren, zu dem Augustinus griff, ist als Bibliomantie oder auch Stichomantie bekannt: Ein heiliges oder jedenfalls bedeutsames Buch wird an einer beliebigen Stelle aufgeschlagen – eventuell wird auch mit einem spitzen Gegenstand irgendwo auf die Buchseite gestochen –, und aus der betreffenden Textstelle ergibt sich dann die Klärung der bislang unbeantwortbaren Frage. Noch im 19. Jahrhundert war die Bibliomantie in allen Gesellschaftsschichten verbreitet; man bezeichnete sie auch als »däumeln«, weil die

DER GEFÄHRLICHE AUGENBLICK

»Nimm und lies«: Der hl. Augustus liest in den Briefen des Apostels Paulus.
Fresko von Benozzo Gozzoli, 15. Jh.

Seiten mit dem Daumen rasch durchgeblättert wurden und man dann eine Seite aufschlug.

Die mantische Dimension des Lesens muss sich keineswegs auf Welt- oder Glaubensweisheiten beschränken. »Ich probiere Geschichten an wie Kleider«, lautet ein zentraler Satz in Max Frischs Roman *Mein Name sei Gantenbein*. Es fällt nicht schwer, darin eine sehr weltliche und durchaus sinnenfreudige Variante der paulinischen Ermahnung zu erkennen, den Herrn Jesus Christus anzuziehen. Max Frischs Held hat eine Erfahrung gemacht, die er nicht begreift. Nun sucht er eine Geschichte dazu, die ihm zur Erkenntnis seiner selbst verhilft. Das Lesen von Geschichten gleicht einer intellektuellen Kleiderprobe: Stoßen wir auf eine Geschichte, die zu unseren Erfahrungen passt, so kommt es uns vor, als fügten sich Ich und Welt, die vorher auseinandergefallen zu sein schienen, wieder zu einem runden Bild zusammen. Um mit Augustinus zu sprechen: Die Finsternis der Orientierungslosigkeit weicht dem Licht der Zuversicht, das nun unser Herz durchströmt.

Es ist alles andere als ein Zufall, dass Augustinus die Sätze, die sein Leben verändern, mit den Augen verschlingt, ohne sie in Anwesenheit seines Freundes Apylius vernehmlich zu artikulieren. Es handelt sich dabei um das erste gesicherte Beispiel für stilles Lesen in der westlichen Literatur, wie Alberto Manguel bemerkt hat. Gewöhnlich pflegte Augustinus nämlich laut zu lesen, wie es von der Antike bis weit in die Neuzeit hinein die übliche Praxis war: Man las laut und nicht leise, nicht getrennt von der sozialen Gemeinschaft, sondern mitten in ihr und kontrolliert durch sie. Die Welt der Lesenden war erfüllt von einem permanenten Murmeln, Brabbeln und Deklamieren. Geschriebene Texte, die in der Regel weder Wortzwischenräume noch Punkt und Komma aufwiesen, dienten gewöhnlich nur als Vorlage für diejenigen, die imstande waren, sie laut zu verlesen. Auch Augustinus brachte seine Bücher nicht eigenhändig zu Papier, sondern diktierte sie einem Schreiber. So wie wir uns heute über denjenigen wundern, der beim Lesen seine Stimme erhebt oder vernehmlich murmelt, ist es jedenfalls lange Zeit dem ergangen, der nicht mit lauter oder wenigstens leiser Stimme las.

Und doch las Augustinus an einem Augusttag im Jahr 386 die biblische Sentenz vom Anziehen des neuen Menschen auf einmal still und leise. Auf einmal schweigt seine Stimme beim Lesen, und Augustinus erklärt auch, warum: um währenddessen nicht abgelenkt zu werden – etwa mit anderen Zuhörenden in Erörterungen über das Gelesene treten zu müssen. Stilles Lesen, so erfahren

wir hier, ist ein Akt der freundlichen Isolation, um sich besser auf das Gelesene und sich selbst zu konzentrieren. Augustinus schreibt, dass er die Bedeutung des Gelesenen mit dem Herzen aufnahm. Der stille Leser, der heute die Norm ist, kehrt nicht nur der Welt den Rücken zu, er öffnet auf diese Weise auch sein Herz für den Sinn dessen, was in dem Buch geschrieben steht. Er macht es sich still zu eigen und bewegt es in seinem Herzen, ohne die Einwürfe anderer erdulden und sich erklären zu müssen. Zwischen das Buch und ihn treten keine äußeren Verbots-, Kontroll- oder sonstigen Diskursinstanzen. Augustinus' stille Lektüre in seiner Mailänder Wohnung bildet den Auftakt zu einer langen Geschichte des einsamen Bücherlesens, das, wie der amerikanische Philosoph

Ralph Waldo Emerson Jahrhunderte später und in einer neuen Welt formulierte, »mit glühenden Wangen und klopfendem Herzen« erfolgt. Es ist nicht nur zum Modell dafür geworden, was es heißen kann, etwas mit sich selbst anzufangen zu wissen, ohne von außen angeleitet zu werden. Es steht auch exemplarisch für die Chance, sich aus eigener Macht von eingegangenen Bindungen zu lösen und seinem Leben eine neue Richtung zu geben.

Kapitel 4

»WAS NIE GESCHRIEBEN WURDE, LESEN«

Ohne Schrift kein Lesen – das klingt logisch und wie eine Binsenweisheit. Doch stimmt es auch? Schauen wir auf unsere eigene Entwicklung, so können sich Zweifel melden, jedenfalls im Hinblick auf die entsprechenden Tätigkeiten. Die meisten können lesen, lange bevor sie schreiben. Und das gilt auch für die, die das Schreiben irgendwann als Berufung entdecken. Der Impuls zu schreiben wird nahezu immer vom Lesen ausgelöst – darin sind sich die meisten Schriftsteller:innen einig. Aber die Vorrangigkeit des Lesens stimmt womöglich noch in einem sehr viel umfassenderen Sinn.

Die Schrift entstand im Gefolge jener Umstellung der menschlichen Lebensweise, die man als neolithische Revolution bezeichnet. In diesem Transformationsprozess, der sich über Jahrtausende hinzog und in einigen wenigen Weltgegenden bis heute nicht abgeschlossen ist, nimmt der Mensch eine dauerhaft sesshafte Lebensform an. Statt das zum Leben Nötige durch Jagen und Sammeln in der Umgebung aufzutreiben und sich dafür von einem temporären Lebensmittelpunkt wegzubewegen, fängt er an, Lebensmittel durch Feldbau und Viehhaltung selbst zu produzieren, und lässt sich dazu dauerhaft an einem Ort nieder, der ihm für diese Belange besonders geeignet zu sein scheint. Obwohl uns diese sesshafte Lebensweise mit allen ihren Folgeerscheinungen, zu denen auch Bücher, Bibliotheken und Computer zählen, beinahe selbstverständlich geworden ist, sollten wir nicht vergessen, dass die Menschen die längste Zeit über ihr Dasein als Jäger und Sammler gefristet haben. Würden wir die bisherige Geschichte der menschlichen Gattung zu einem 24-Stunden-Tag zusammenziehen, würde jede Stunde dieses Tages einem Zeitraum von 100.000 Jahren Vergangenheit entsprechen. Die Phase der Landwirtschaft, der Kultivierung von Nutzpflanzen und der Domestikation von Tieren, begänne auf dieser Uhr erst sechs Minuten vor Mitternacht.

Um die fünfte oder vierte Minute vor Mitternacht dürften die Anfänge unserer Schriftkultur zu datieren sein. Auf die Frage, wie es dazu kam, hat die Wissenschaft mehrere Antworten. Welchen Zwecken aber das Aufschreiben

ursprünglich auch immer gedient haben mag – ökonomischen, administrativen oder kultischen –, auf jeden Fall spiegeln sich in dieser Tätigkeit neue, mit der sesshaften Lebensweise verbundene Erfahrungsmuster. Statt das Sammeln von Erfahrungen mehr oder weniger dem Zufall zu überlassen, geschicht dies nun mit forcierter Zielstrebigkeit und Planmäßigkeit. Gegenüber der mündlichen Mitteilung von Erfahrung bietet ihre Niederlegung in einem externen Speicher den ungeheuren Vorteil, sich nicht auf das begrenzte, subjektive und störanfällige Erinnerungsvermögen von Einzelnen verlassen zu müssen, sondern sie unabhängig davon dauerhaft aufzubewahren und intersubjektiv zugänglich zu machen. Auf diese Weise wird aus Erfahrung Wissen.

Doch schon bevor die Tätigkeit des Lesens sich zum Vorgang der Wiederaneignung des schriftlich Niedergelegten spezialisierte, haben die Menschen gelesen. »Was nie geschrieben wurde, lesen«, lautet eine berühmte Verszeile des Dichters Hugo von Hofmannsthal. Sie findet sich in dem lyrischen Drama *Der Tor und der Tod* und ist dort dem Tod in den Mund gelegt, der die Wesen, welche dies vermögen, als »wundervoll« bezeichnet. Auch wenn Hofmannsthal dies wohl nicht gemeint hat – unsere jagenden und sammelnden Vorfahren waren solche wundervollen Wesen. Sie lasen, was nie geschrieben wurde – im Erdreich, im Schnee oder in zertretenen Zweigen lasen sie die Spuren von Tieren, denen sie nachstellten; und aus den Früchten, Pflanzen und Pilzen, auf die sie beim Umherstreifen stießen, lasen sie jene aus, von denen sie in einem Prozess von Versuch und Irrtum herausgefunden hatten, dass sie genießbar waren. Auch dazu gehört Spürsinn: Die essbaren Pflanzen müssen aufgespürt und aussortiert werden. Beide Aspekte dieses ursprünglichen Lesens hat unsere Sprache bis heute bewahrt: in den Fügungen »Fährten lesen« und »Spuren lesen« das Lesen des Jägers, in Wörtern wie Ährenlese, Blütenlese und Weinlese mit dem Spezialfall der Spätlese das Lesen des Sammlers. In den drei letzten Fällen ist die Tätigkeit des Auf- und Zusammenlesens jedoch bereits von der Erfahrungswelt des Bauern geprägt, der nicht liest, um zu finden, sondern um zu ernten. Der Philosoph Manfred Sommer hat diesen Umstand in einem bemerkenswerten Versuch über das Sammeln, dem meine Ausführungen vieles verdanken, sehr treffend beschrieben: »Ob Bohnen oder Beeren, Birnen oder Trauben: der Garten-, Feld- oder Weinbauer geht systematisch vor, wenn er erntet. Er durchläuft Zeile für Zeile, sammelt ein, was gereift ist, und bewahrt es auf in seinem Sammelbehälter. Insofern ist jede Ernte eine Lese.« Und jede Lese ist eine Auslese: »ein Aussuchen, Auswählen, Aussortieren«.

Wir dürfen demnach festhalten: Für unsere jagenden und sammelnden Vorfahren war die Übung in der Kunst des Lesens unverzichtbar. Sie unterlagen dem Zwang, die besonders wertvolle, da tierisches Eiweiß enthaltende Nahrung mit Pfeil und Bogen oder mit Speeren erlegen zu müssen. Das ging natürlich nicht von jetzt auf gleich. Das professionelle Lesen von Fährten mit dem Ziel, von unterschiedlichsten und zuweilen kaum wahrnehmbaren Abdrücken auf Art und Laufrichtung eines Tieres zu schließen, war Voraussetzung für den Jagderfolg. Der in solcher Lesekunst besonders bewanderte Jäger hatte ausgezeichnete Chancen bei den Frauen und dementsprechend viele Nachkommen. Doch nicht nur beim Jagen, auch bei der Tätigkeit des Sammelns von Nahrung spielte *Lesen* eine zentrale Rolle. Beide Aspekte in ihrem Zusammenhang haben sich in allen indogermanischen Sprachen in dem Wort »lesen« und seinen Äquivalenten erhalten: Ursprünglich meinte es, wie das *Grimm'sche Wörterbuch* konstatiert, »einer Spur folgen mit dem Ziel einer bestimmten Ausbeute vor Augen«.

Hat sich das Lesen eines Textes aus dem Lesen von Spuren und dem Auflesen von Essbarem entwickelt? Das wäre sicher zu einfach (und zu geradlinig) gedacht. Wohl aber treffen wir in der Evolution nicht selten darauf, dass bestehende Mechanismen für neue, erst später auftauchende Zwecke verwendet werden. (Der große amerikanische Paläontologe Stephen Jay Gould hat in diesem Zusammenhang von Auspassung [Exaption] statt von Anpassung [Adaption] gesprochen.) Jedenfalls spricht vieles dafür, dass jene Hirnregionen, die beim Jetztmenschen fürs Lesen eingesetzt werden, vor Zeiten mit dem Entschlüsseln von Tierfährten betraut waren. Eine Studie an hirngeschädigten Patienten ergab beispielsweise, dass alle Personen, die Diagramme von Fußabdrücken nicht den entsprechenden Tierbildern zuordnen konnten, auch massive Leseschwierigkeiten hatten. Und australische Ureinwohner lernen das Spurenlesen in genau demselben Alter wie unsereins das Lesen und Schreiben. Unsere Vorfahren konnten die Fähigkeit des Schreibens und Lesens nur deshalb erwerben, weil bereits vorhandene Hirnregionen, die schon seit Langem mit der Aufgabe betraut waren, Zeichen zu erkennen und mit einer Bedeutung zu verbinden, auch die neue Aufgabe übernahmen. Wir müssen also davon ausgehen, dass jenes ursprüngliche Vermögen der Zeichendeutung auch in unserem Umgang mit der Schrift anwesend ist. Lesen besitzt demnach wesentlich archaischere Züge, als wir gemeinhin annehmen. Seine Ursprünge reichen zurück in eine nichtsesshafte Lebensweise und in eine vorschriftliche Kultur. Seine ungebrochene Attraktivität dürfte auch damit zu tun haben, dass es unter den Bedingungen eines sesshaften, ja sitzenden Lebens, einer weitgehend auf Dokumente und Dateien fixierten Kultur und einer auf Effizienz und Leistung abgestellten Lebensführung eine Erinnerung an das bewahrt hat, was dieser Lebensform vorausging. Das ist nicht unbedingt die Erinnerung an ein besseres Leben, wohl aber an elementare Formen, denen wir uns bis heute nicht zu entziehen vermögen. Lesen wäre demnach so etwas wie ein natürliches Gedächtnis der Menschheit. Wie von den Tierfährten und den Früchten des Waldes mag sich das Lesen eines Tages auch von den in Büchern aufbewahrten Texten als seinem privilegierten Gegenstand ab- und anderen, neuartigen Bereichen zuwenden. Mit den audiovisuellen Medien und dem Internet dürften wir in dieser Hinsicht schon die Anfänge einer neuerlichen Transformation des Lesens erleben. Unter japanischen Jugendlichen war es eine Zeitlang etwa Mode, sich Fortsetzungsromane in konsumierbaren Häppchen aufs Handy schicken zu lassen und diese beim Bummel durch die Stadt, in der U-Bahn oder am Arbeitsplatz zu lesen. An der Tatsache, dass wir lesende Lebewesen sind und dass Lesen uns einen Weg zum Glück weisen kann, ändern solche Transformationen des Leseverhaltens nichts.

Wie Bauern, Jäger und Sammler lesen

In unserem heutigen Lesen hat aber keineswegs nur die Tätigkeit des Wildbeuters ihre Spuren hinterlassen. An dieser Stelle müssen wir auch dem Bauern unsere Ehrerbietung zollen. Unsere Art zu lesen verbindet, wie Manfred Sommer richtig schreibt, den Zeichensinn des Jägers mit dem Ordnungssinn des Bauern »zu einer Kulturtätigkeit ersten Ranges. Lesen heißt für uns: einen geschrieben vorliegenden Text diszipliniert in geordneter Form visuell wahrzunehmen und intelligent seinem Sinn gemäß inhaltlich aufzufassen«. Ich folgere daraus: Disziplin und Durchhaltevermögen, die zum Lesen wesentlich dazugehören, sind ein bäuerliches Erbe; wir verdanken es unserer landwirtschaftlichen Lebensweise, die, wie der amerikanische Evolutionsbiologe Jared Diamond so überzeugend dargelegt hat, gegenüber der des Jägers und Sammlers keineswegs nur ein Gewinn war. Die Leidenschaft, die mit dem Lesen einhergehen kann, ebenso wie das Auffassungsvermögen, das mit ihm einhergehen muss, sind hingegen ein Erbteil des Jägers und Sammlers. Und vielleicht lässt sich der letztere Aspekt noch einmal aufteilen: Die Leidenschaft hätten wir dann stärker vom Jäger, das Auffassungsvermögen hingegen vom Sammler in uns.

Verweilen wir jedoch noch einen Moment beim Bauern und seinem Ordnungssinn. Wir halten heute den freien und unreglementierten Gebrauch von Büchern für eine Selbstverständlichkeit: dass man liest, was einem passt und der Markt hergibt, an einem Ort, den man sich frei wählt, und auf eine Weise, die den eigenen Vorlieben entspricht. In Wirklichkeit musste sich dieses liberale, manche meinen anarchische Leseverhalten historisch erst gegen eine Lesekultur durchsetzen, die genaue Regeln aufstellte, was und wie zu lesen sei, und durch starre Zugangsbeschränkungen geprägt war. Im abschließenden Kapitel werden wir in dem schwarzen amerikanischen Schriftsteller Richard Wright dem exemplarischen Fall eines Lesers begegnen, der sich das Menschenrecht zu lesen regelrecht nehmen musste, in dem Bewusstsein, damit gegen das seinerzeit geltende Recht zu verstoßen. In Europa ist die Liberalisierung des Leseverhaltens mit einer Leserevolution am Ende des 18. Jahrhunderts verbunden, deren Auswirkung auf die Gemüter und das Verhalten der Menschen die Zeitgenossen zu dem Vergleich mit der Französischen Revolution veranlasste. Damals bildete sich ein modernes Lesepublikum heraus, das seinen Lesestoff nicht mehr nach den Kriterien der Religionszugehörigkeit, Obrigkeitstreue, der Gelehrsamkeit oder der Nützlichkeit wählte, sondern sich von emotionalen und intellektuellen, privaten und sozialen Bedürfnissen leiten ließ. Lesende Frauen haben in diesem Prozess eine ausschlaggebende Rolle gespielt, indem sie die Literatur als ein Terrain entdeckten, das ihren Ehemännern fremd war und auf dem sich Entdeckungen machen ließen, die ihnen eine gewisse emotionale und intellektuelle Souveränität verschafften. Auch darauf werde ich noch zurückkommen.

Auf der Seite des Ordnungssinns finden wir in diesem Prozess vor allem die Pädagogen und Wissenschaftler. Während die Schullehrer den Kindern nicht nur Lesen und Schreiben beibringen, sondern vor allem, wie man richtig schreibt und richtig liest, später dann, wie man Literatur sachlich richtig und argumentativ überprüfbar interpretiert, ist den Universitätslehrern die hohe Schule der Interpretation vorbehalten. Wie Susan Sontag bereits 1964 in einer fulminanten Polemik gegen das Geschäft der Interpretation herausgearbeitet hat, besteht deren gesamte Kunst in zwei aufeinanderfolgenden Operationen. Interpretieren bedeutet nämlich im Klartext nichts anderes, als im ersten Schritt einzelne Elemente zu isolieren (etwa X, Y und Z) und sich dann in einem zweiten Schritt an eine Art Übersetzungsarbeit zu machen. »Der Interpret sagt: Sehen Sie denn nicht, dass X eigentlich A ist (oder bedeutet)? Dass Y eigentlich für B und Z für C steht?« Wir können darin das Auslesen des Sammlers und die zeichendeutende Tätigkeit des Jägers wiedererkennen. Doch in diesem Fall sind Jäger und Sammler lediglich Marionetten eines Drahtziehers hinter der Bühne, in dem sich bei genauerem Hinsehen der alte Bauer mit seinem Ordnungssinn verbirgt. Allerdings hat er sein Erscheinungsbild gehörig modernisiert. Und so wie der moderne Landwirt nicht länger selbst die Zeilen seiner Felder, Plantagen oder Weinberge abläuft und dabei das, was gereift ist, mit den Händen einsammelt, sondern auf einer Erntemaschine sitzt und diese steuert, so verhält es sich auch mit dem modernen Professor, der aus der Interpretation eine Wissenschaft gemacht hat. Seine mächtige und effiziente Erntemaschine, mit der er die Texte der Tradition durchfährt und dabei die Spreu vom Weizen trennt, heißt Theorie. Im Bild des Marionettenspielers ausgedrückt: Die Drähte, an denen er zieht, um die Puppen tanzen zu lassen, stehen für bestimmte Vorannahmen über unsere Wirklichkeit. Diese tragen entweder den Namen des jeweiligen Begründers der betreffenden Theorie, heißen also etwa Michel Foucault, Judith Butler oder Wolf Singer, oder werden unter Sammelbezeichnungen wie Diskursanalyse, Feminismus oder Hirnforschung geführt.

Viele Studenten der Literaturwissenschaften, etwa der Germanistik, haben sich für dieses Fach aus dem schlichten Grund entschieden, dass sie gerne lesen. Nicht wenige erleben dann eine herbe Enttäuschung. Denn wenn ihnen nicht bereits der Deutschunterricht die unschuldige Lust am Lesen geraubt hat, die Universität wird es gewiss tun. Sie lesen dort nicht, wie erhofft, Büchner und Kleist, Austen und Faulkner, und wenn, dann in einer Art Umschrift, die den literarischen Text in die Begriffe des jeweiligen theoretischen Stichwortgebers und Gedankenlieferanten übersetzt. In Wirklichkeit lesen sie also gar nicht Kleist, sondern beispielsweise Foucault.

Dabei geht nicht nur häufig das verloren, was Kleist uns eigentlich zu sagen hätte. Indem wir Theorie auf Literatur anwenden, berauben wir Letztere auch einer ihrer wesentlichen Eigenschaften. Literatur neige dazu, dicht, Theorie hingegen dazu, schwierig zu sein, hat Richard Poirier diesen Umstand in einem Bonmot formuliert. (Im Englischen klingt das besser: »Literature tends to be dense; theory tends to be difficult.« Nicht nur das Deutsche, auch das Englische spricht von dichtem Wald oder dichtem Nebel; und natürlich klingt

auch das Wort »Dichtung« an, das alte deutsche Wort für ein sprachliches Kunstwerk.) Das Ergebnis von Interpretation besteht demnach häufig in wenig mehr, als die Dichte eines literarischen Werks in die Kompliziertheit einer Theorie zu übersetzen. Bringt man Theorie zwischen Leser:in und Literatur – macht man Theorie also zu einer Voraussetzung, um über einen literarischen Text zu sprechen –, dann, so Mark Edmundson in *Why read?*, verwendet man

die Theorie dazu, neugierige Leser um jene literarische Erfahrung zu bringen, auf die sie eigentlich ein Anrecht haben.

Damit sich diese literarische Erfahrung einstellen kann, bedarf es wahrscheinlich sogar einer gewissen Einsamkeit. Die Frage, was derjenige eigentlich macht, der sich allein mit einem Buch in ein stilles Eckchen zurückzieht, wird gestellt, seitdem Frauen und Männer dies bewusst und demonstrativ tun. Noch heute gilt diese Art, sich von jeder menschlichen Gemeinschaft abzusondern und eine undurchdringliche Privatsphäre um sich zu errichten, manchem als anstößig, zumindest als suspekt. Vor gut 250 Jahren, als sich dieses seltsame Verhalten insbesondere unter Frauen mehr und mehr auszubreiten begann, erhoben sich auch warnende Stimmen seitens der Psychologen und Pädagogen, die von der gefährlichen Auswirkung von Lektüre auf die Einbildungskraft und die Nerven sprachen. Und in mancher Hinsicht hatten sie nicht einmal unrecht. Denn das Lesen heizt unserem Vorstellungsvermögen ein wie einst nur noch die Jagd unseren Vorfahren: Unter Umständen hetzten diese tage- und nächtelang fieberhaft hinter ihrer potenziellen Beute her – nur wenig anders verhält sich der Leser, der in den Sog eines seine Aufmerksamkeit fesselnden Buches gerät. Insbesondere Kinder und Jugendliche berichten auch heute noch von der intensiven Entrücktheit ihrer Leseerlebnisse. Beim Lustlesen vermischt sich Verstandestätigkeit mit Wachträumerei, so wie wir das bei unseren Vorfahren annehmen dürfen, die Wald und Flur auf der Suche nach Essbarem durchstreiften.

Es sollte uns deshalb nicht verwundern, dass bevorzugte belletristische Themen die Jagd nach Glück, Liebe, Macht und Ruhm oder auch das Aufspüren eines Täters sind. Und noch in anderer Hinsicht hat sich der archaische Hintergrund einer vermeintlich so harmlosen Beschäftigung wie Lesen erhalten. Mit Vorliebe verwenden wir Speisemetaphern, um die Intensität des Lesens zu beschreiben: Wir verschlingen ein Buch, ziehen es uns rein oder fressen es auf. Und so hat es auch seinen guten Grund, dass beim Genusslesen Unmengen von Essbarem, mit Vorzug Schokolade, vertilgt werden – und dies gänzlich unmetaphorisch.

Wildes, von Interpretationszwang und Theorie unbehelligtes Lesen wandelt aber nicht nur in der Spur des Jägers, sondern auch in der des Sammlers. Lesen ist nämlich, wie Alberto Manguel schreibt, »ein kumulativer Vorgang, der sich in geometrischer Progression vollzieht«. Mit anderen Worten: Jede neue Lektüre baut auf der vorangehenden auf, und mit jedem gelesenen Buch wächst unsere literarische Erfahrung exponentiell an. Indem wir lesen, sammeln wir

Kenntnisse, die uns bei unserem nächsten Streifzug zugutekommen. Insofern Literatur Zugänge zur Wirklichkeit bietet, bezieht sich das lesende Aufsammeln und Ansammeln von Erkenntnissen nicht nur auf die Welt der Bücher selbst, sondern auch auf die Welt draußen, jenseits der Bücher. Leser sind »Weltensammler«, wie der Titel des schönen Buches von Ilja Trojanow über den Weltreisenden Richard Burton lautet.

Indem wir auf diese Weise lesend Erfahrung auf Erfahrung häufen, erwerben wir nicht nur ein literarisches Gedächtnis und eine Kennerschaft, die Theorie überflüssig macht, es sammeln sich auch immer mehr Bücher um uns herum an – manche davon haben wir gelesen, viele warten womöglich noch darauf. Bei nicht wenigen Lesern nimmt die Sorge um Lesefutternachschub die Gestalt von Beutezügen an, von denen der Buchhandlungen, Antiquariate und Auktionshäuser oder auch nur das Internet durchstreifende Bibliomane regelmäßig mit einer vollen Sammeltasche heimkehrt, bis schließlich die heimische Höhle von oben bis unten vollgestopft ist mit Büchern. In der Regel obsiegt irgendwann der Ordnungssinn, und durch das Aussortieren unbedachter Anschaffungen, doppelter Exemplare und jener Bücher, deren Lektüre auch in einem noch so langen Leben nicht zu schaffen ist, wird wiederum Platz gemacht – für neue Bücher, die sich mit großer Sicherheit schon bald einstellen. Als Leser sind wir in einer Welt, die sich auf ihre der Landwirtschaft entstammenden Rationalität viel zugutehält, immer wieder noch einmal Jäger und Sammler – und manchmal notgedrungen auch ein wenig Bauer. Und das ganz unabhängig davon, ob wir nun papierne oder elektronische Bücher lesen – oder sogar beides.

Kapitel 5

UNTERWEGS ZU EINER NEUEN LESEKULTUR

So wie das Lesen womöglich älter ist als die Schrift, so hat die Lesekultur auch einen sehr viel wichtigeren und wahrscheinlich sogar zukunftsträchtigeren Platz in unserer Gesellschaft, als die Klagen über ihren Niedergang wahrhaben wollen. Kaum zu leugnen allerdings ist, dass wir derzeit einen Rückgang des traditionellen Bildungskanons erleben. Glaubt man den kulturkritischen Stimmen, so ist er ursächlich mit der Zerstörung der Lesekultur insbesondere durch die sozialen Medien verbunden, die die Aufmerksamkeit und Lebenszeit der jungen Leute binden. Wer am Smartphone hängt, liest nicht, sondern wischt und daddelt, bleibt vor allem an Bildern und Filmchen hängen und verblödet allmählich: Das behauptet etwa der Hirnforscher Manfred Spitzer, der die Kinder und Jugendlichen vor digitaler Demenz retten will und dabei vor allem bei deren Eltern Verunsicherung und Angst bewirkt.

Richtig ist: Die Digitalisierung und die mit ihr verbundenen Möglichkeiten des elektronischen Publizierens, vor allem aber die globale Computervernetzung und die Entwicklung des E-Book haben vielen Liebhabern der Schrift- und Lesekultur einen gehörigen Schrecken eingejagt. So wurden auf der einen Seite Gutenberg-Elegien angestimmt, wie der amerikanische Kulturkritiker Sven Birkerts seine alarmistischen Nachrufe auf das Lesen im elektronischen Zeitalter nannte: PC und Internet und die vielfältigen Optionen, die sie bieten, führten zu einer Erosion der Sprache und einer Entwertung des kritischen Denkens. Nicht wenige fühlten sich von solcher Klage allerdings an jene Warnungen erinnert, die sie als Kinder von ihren Eltern vernommen hatten: Die Musik der Beatles und Rolling Stones, noch schlimmer von The Who und Led Zeppelin, sei kulturfeindliches Teufelswerk und bedeute das Ende aller Musik, wenn nicht gar gleich der Kultur.

Auf der anderen Seite fand sich auch eine ganze Reihe von Apologeten der Entwicklung, die das Ende des Bücherlesens, gar der Schrift kaum mehr erwarten zu können schienen. Landauf, landab wurde dank der umfassenden

Digitalisierung ein weitreichender Umbruch unserer Schriftkultur konstatiert. Mal sollte er seiner Bedeutung nach der technischen Revolution Gutenbergs ähneln, der Mitte des 15. Jahrhunderts das erste Buch mit beweglichen Lettern gedruckt hatte, mal wurde er gar der neolithischen Revolution gleichgestellt, die im Laufe mehrerer Jahrtausende aus der Mehrzahl der Sammler und Jäger Sesshafte gemacht hatte, was immerhin die Voraussetzung für das Entstehen unserer Schriftkultur war. Wie man aber den Einschnitt auch bewertet und welchen welthistorischen Rang man ihm beimisst – sowohl die Kulturapokalyptiker als auch die »Adventisten von Microsoft«, wie Hans Magnus Enzensberger die Jünger der Digitalisierung einmal spöttisch genannt hat, waren gleichermaßen davon überzeugt, dass das Lesen so wenig wie das Schreiben noch eine Zukunft hätte.

Ich will nicht schlankweg behaupten, dass es anders gekommen ist. Große Transformationen benötigen Zeit – man wird sehen. Viele Indizien sprechen jedoch dafür, dass Computer, Internet, die sozialen Medien und ja, auch ChatGPT und andere Chatbots auf der Basis generativer Sprachmodelle die Buch- und Lesekultur eher befördern als verdrängen. Mittlerweile beläuft sich die Zahl der Buchneuerscheinungen, der sogenannten Novitäten, pro Jahr auf gut eine Million; alle 30 Sekunden wird auf dieser Welt ein neues Buch auf den Markt geworfen. Legt man die Zahlen zugrunde, die Lucien Febvre, Henry-Jean Martin, Robert Escarpit und Gabriel Zaid zusammengetragen haben, so lässt sich ein bis heute ungebrochener exponentieller Anstieg der veröffentlichten Bücher seit der Erfindung des Buchdrucks konstatieren.

Anzahl der weltweit veröffentlichten Buchtitel seit dem Jahr 1550 (einhundert Jahre nach Gutenbergs Erfindung des Buchdrucks) bis zum Jahr 2023

Jahr	Veröffentlichte Buchtitel weltweit (ca.)
1550	35 000
1650	150 000
1750	700 000
1850	3 300 000
1950	16 000 000
2000	52 000 000
2023	158 000 000

In dem halben Jahrhundert zwischen 1950 und dem Jahr 2000 wurden – trotz der gigantischen Ausbreitung der Massenmedien in demselben Zeitraum – tausendmal mehr Bücher veröffentlicht als im ersten Jahrhundert nach der Erfindung des Buchdrucks.

In seinem bemerkenswerten Essay *So viele Bücher* hat der mexikanische Schriftsteller Gabriel Zaid die Anzahl der Neuerscheinungen pro Jahr in Relation zur Weltbevölkerung gesetzt. Diese Übersicht belegt eindrucksvoll, dass die dramatische Bevölkerungsexplosion von der der Bücher noch übertroffen wurde. Und das technischen Neuerungen zum Trotz, deren Aufkommen jedes Mal von Kassandrarufen begleitet wurden, die das baldige Ende der Buchkultur voraussagten.

Tom Kraushaar, der Verleger von Klett-Cotta, hat die Tendenz, den baldigen Untergang des Buches und der Lesekultur zu prophezeien, spöttisch das »Multikrisen-Selbstverzwergungs-Syndrom«, kurz MSV-Syndrom, der Buchbranche genannt. Während Kunst-, Theater-, Opern- und Filmbetriebe sowie der öffentlich-rechtliche Rundfunk vor Selbstbewusstsein nur so strotzen und sich für unverzichtbare Säulen der Demokratie halten, obwohl sie in weiten Teilen aus Steuern bzw. Zwangsabgaben subventioniert werden, neigt die Buchbranche dazu, die Grundlagen ihrer Geschäftstätigkeit permanent in Frage zu stellen, und das, obwohl sie in Deutschland und auch anderswo ohne direkte staatliche Unterstützung auskommt. Der Infragestellung von außen bedarf es gar nicht, für die Bestreitung der eigenen Legitimität sorgt man schon selbst. Dabei stellt das Produkt Buch seit nun einem halben Jahrtausend seine unvergleichliche Widerstandsfähigkeit unter Beweis und hat auch die Digitalisierung bislang ziemlich unbeschadet überstanden. Und nicht nur das: Nach wie vor braucht sich die Buchbranche trotz nicht gerade exorbitanter Gehälter um Nachwuchs nicht zu sorgen. Attraktiv macht sie nicht, dass auch dort nun Marketing und IT-gesteuerte Prozesse zunehmend den Arbeitsalltag bestimmen, sondern die Teilhabe an literarischen und intellektuellen Prozessen, die Begegnung mit inspirierenden Menschen, das nach wie vor gültige und zuweilen auch eingelöste Versprechen der Mitwirkung an etwas, das man früher ohne Scheu geistiges Leben genannt hätte.

Romanleser:innen sind gefährlich

Vielleicht ist die Lese- und Buchkultur also keineswegs so stark bedroht, wie ihre Verächter und diejenigen, die vergangenen Zeiten nachtrauern, als jeder (sic!) noch »seinen« Schiller und Goethe kannte, uns das weismachen wollen. Vielleicht erlebt sie nur eine Transformation, deren Nichtbeachtung erst die wohlfeile Rede vom Niedergang plausibel erscheinen lässt. Um mich dem zu nähern, möchte ich eine zweite Entwicklung skizzieren, die historisch um einiges weiter zurückreicht als die Digitalisierung, nämlich bis ins 18. Jahrhundert, in die sogenannte Goethezeit.

Wie bereits erwähnt, kam es im Zuge der Aufklärung zu einem radikalen Umbruch im Leseverhalten. Bislang war Lesen in erster Linie Studium gewesen, wurde von einer gebildeten Elite ausgeübt, die sich auf einen stabilen

Kanon von Schriften bezog. Mit der zunehmenden, weite Teile der Bevölkerung erreichenden Alphabetisierung änderte sich das. Lesen wurde von einer gelehrten Tätigkeit zu einer Freizeitbeschäftigung, der zunehmend auch gewöhnliche Menschen nachgingen, die zu Büchern nicht aus Studienzwecken, sondern zum Vergnügen, zur Unterhaltung griffen. Ein freier, unreglementierter Gebrauch von Büchern setzte sich durch: Man las, was einem passte und der Markt hergab, an einem Ort, den man frei wählte – das konnte auch das Bett oder irgendwo in der Natur sein –, und auf eine Weise, die den eigenen Vorlieben entsprach.

Besonders zwei soziale Gruppen waren es, die für den Umbruch des Leseverhaltens standen: junge männliche Intellektuelle und junge Frauen aus eher wohlhabenden Verhältnissen. Beide waren auf der Suche nach neuen Texten, getrieben von dem Bedürfnis nach privater und gesellschaftlicher Selbstverständigung. Beide Gruppen verfügten über relativ viel freie Zeit: die jungen, studierten bürgerlichen Intellektuellen, weil sie in einer sozial immobilen Welt häufig von allen Aufstiegschancen abgeschnitten waren; die Frauen, weil sie ans Haus gefesselt waren, »eingezogen« lebten, und das Lesen neben Besuchen und Konversation so ungefähr das einzige Mittel war, um der Monotonie des Alltags zu entkommen. Zugleich eroberte mit dem Roman eine neue Gattung die Welt der Bücher: Die dort erzählten Geschichten von Aufstieg und Scheitern, von Glück und Verzweiflung, von Liebe vor und außerhalb der Ehe und von geheimen Vergnügungen, von Selbstbefreiung und dem Leiden an der Außenseiterrolle waren ganz auf die Bedürfnisse der neuen Gruppen von Lesenden zugeschnitten. Es war eine Blütezeit der Raubdrucke und der Bücher, die von Hand zu Hand gingen. Bücher waren teuer, weshalb häufig ein einziges Exemplar eines stark nachgefragten Romans mit hohem Tempo im weiträumigen Bekanntenkreis zirkulierte, bis es zerlesen war und auseinanderfiel, bis die Seiten von den vielen Tränen, die auf ihnen vergossen wurden, wellig und unansehnlich geworden waren.

Im Gegensatz zum gelehrten Lesen der Tradition hatte die neue Lektürepraxis etwas Ungezügeltes, Wildes. Entscheidend für ihre Qualität war die Intensität des emotionalen Erlebens, die sich dabei einstellte. Man kann sich gut vorstellen, dass Leserinnen wie Leser süchtig nach dem Selbstwertgefühl wurden, das eine derart unmittelbare, distanzlose Lektüre hervorrief. Das genussvolle Erleben der eigenen emotionalen Bewegtheit war es, wonach es die Lesenden verlangte; es vermittelte ihnen ein neues, beglückendes Bewusstsein von sich selbst, das die Erfüllung der ihnen zugewiesenen sozialen Rollen ihnen niemals verschaffen konnte.

Das neue Phänomen – man sprach von »Lesefieber«, gar von »Lesewut« – rief, wie sollte es anders sein, rasch auch Kritiker auf den Plan. Anders als die neuen Lesenden, die oftmals weiblich waren, handelte es sich bei ihnen so gut wie ausschließlich um Männer. Viele sahen im zügellosen Lesen lediglich einen weiteren Beleg für den unaufhaltsamen Verfall von Sitte und Ordnung. Jetzt griffen schon die Frauen zu Büchern – wohin sollte das führen, wenn nicht dahin, dass den Frauen der Kopf verdreht und infolgedessen die Welt auf den Kopf gestellt wurde.

Wie wir gesehen haben, kann aus diesem Eintauchen in die Welt des Buches, die häufig mit der Ausschaltung unseres Ich verbunden ist, in der Tat etwas Neues erwachsen. Dann führt mein Wunsch, eine andere, ein anderer zu sein, den ich bei der Lektüre in der Phantasie ausleben konnte, zu wirklichen Veränderungen, wie ich die Welt und wie ich mich selbst sehe. Während der Zeit der Lektüre bin ich mit der im Buch niedergelegten Sicht auf die Welt eine intensive Bindung eingegangen und habe mich zugleich aus den Bindungen gelöst, die bislang meinen Blick auf das Leben bestimmt haben. Ich habe gespürt, wie meine bisherige Identität in die Schwebe versetzt wurde, und bin nun frei, sie zu hinterfragen und womöglich zu neuen Ufern aufzubrechen.

In Wirklichkeit war es dieses Potenzial der Selbstaktivierung, das die Kritiker des Lesens fürchteten, als gewöhnliche Menschen, vor allem Frauen, vor gut 250 Jahren begannen, das Lesen für sich zu entdecken. In ihre geschlossene, statische Welt drangen nun die Bücher ein mit ihren verlockenden, den Geist und die Empfindungen aufwühlenden Geschichten. Irgendwie müssen sie den Leserinnen vertraut vorgekommen sein, weil sie ihre eigenen Gefühle und geheimen Wünsche ansprachen. Zugleich aber empfanden sie sie als fremd, weil sie von Erfahrungen und Lebenschancen berichteten, von denen sie oftmals gar nicht wussten, dass man sie haben kann. Zuweilen mögen sie wie der sprichwörtliche Stachel im Fleisch gewirkt haben, der sie damit konfrontierte, was ihnen in ihrem eingezogenen Leben alles vorenthalten blieb. Kein Wunder, dass der Geist der Unzufriedenheit und der Rebellion von ihnen Besitz ergriff. Lesen wurde da in der Tat zu einem gefährlichen Unterfangen. Das alles bedeutete noch lange nicht die Befreiung der Frau aus patriarchalischer Vormundschaft. Wohl aber hat es die Pforte aufgestoßen, durch die der Weg ins Freie führte.

Eine neue Lesekultur auf der Basis der sozialen Medien

Das ist alles gut und schön, mag man denken und zugleich fragen: Ist es aber nicht Schnee von gestern? Ist in Zeiten von Instagram, der Video-Plattform TikTok mit dem Ableger BookTok und dem Texte generierenden Chatbot ChatGPT die Sache mit dem Lesen und die Idee, dass es frei und glücklich machen, dass die Literatur uns emanzipieren kann, nicht eher ein Nostalgietrip, eine sentimentale Reise im Retrolook?

Schauen wir uns zum Beispiel LovelyBooks.de an. Online seit Dezember 2006, ist LovelyBooks mit 350.000 angemeldeten Mitgliedern, über 10.000 registrierten Autorinnen, Autoren und Verlagen sowie annähernd zwei Millionen Nutzern pro Monat das größte deutschsprachige soziale Netzwerk für Leserinnen und Leser von Literatur im Netz. Ich habe mich mit einem Nutzernamen, meiner E-Mail-Adresse und einem Passwort angemeldet und wurde gleich mit so informativen wie gewinnenden Sätzen begrüßt: »Über Bücher redet man gerne, empfiehlt sie seinen Freund:innen und Bekannten oder kritisiert sie, wenn sie einem nicht gefallen haben. LovelyBooks ist der Ort im Internet, an dem all das möglich ist – die Heimat für Buchliebhaber:innen und Lesebegeisterte. Schön, dass du hier bist!« Das fand ich auch, und gefragt nach dem Buch, das ich gerade lese, habe ich gleich Autorin und Titel mitgeteilt, dazu die Seite, bis zu der ich es geschafft habe, und auch einen Satz zu dem Buch geschrieben. Damit habe ich meine Lesechronik gestartet, die ich nun jederzeit aktualisieren und erweitern kann. Es ist, als ob man ein Lesetagebuch führte, nur dass es in diesem Fall den Lesefreundinnen und -freunden offensteht, die man auf LovelyBooks findet. Man kennt das Verfahren aus Motivationstrainings: Man liest hier unter den Augen anderer, was zu einer gewissen Verpflichtung führt. Jedenfalls habe ich bereits nach einigen Tagen ein schlechtes Gewissen bekommen, wenn ich keinen Lesefortschritt melden konnte. Was die Freunde betrifft, so werden dem Newcomer auch gleich Vorschläge gemacht, unter Berücksichtigung der Interessen, die sie oder er bei der Anmeldung angegeben hat. In meinem Fall war das neben »Sachbücher« und »Biografien« auch »Literatur« (die vierte Kategorie »Erotische Literatur« habe ich vorsichtshalber gleich wieder aus meinem Profil gelöscht, um nicht falsche Erwartungen zu wecken). Dass »Literatur« dabei als eigene Kategorie gilt, hat mich zuerst gewundert. Aber in Abgrenzung zu »Krimis und Thriller«, »Fantasy«,

»Historische Romane«, »Science-Fiction«, »Unterhaltung«, »Comics«, »Kochen und Genießen« ist Literatur oder das, was sich deren Liebhaberinnen und Liebhaber darunter vorstellen, dann doch noch etwas anderes. Stöbert man unter dieser Kategorie, so findet man dort neben *Monas Augen* (siehe die Leseliste von Pina!) einen Roman über die Mitford-Schwestern, den Roman *Die Vegetarierin* der Südkoreanerin Han Kang, der Nobelpreisträgerin von 2024, sowie *Antichristie* von Mithu Sanyal, die bereits mit ihrem Roman *Identitti* den Preis für den witzigsten Titel verdient hat. Das Cover zeigt die englische Queen, die von einem Tiger zum Tanz aufgefordert wird und sich abwendet. »Super interessante Aufarbeitung des britischen Kolonialismus & der indischen Geschichte mit intelligentem und dem Thema angemessenem Humor«, hat Nutzerin JessicalmReihenhaus 16 Stunden, bevor ich auf diese Seite gestoßen bin, geäußert, während katjaandbooks 23 Tage zuvor meinte: »Abgebrochen nach 36 % – Diskussion um Diskussion über britische Kolonialgeschichte, ohne Vorwissen nicht zu verstehen.« Von fünf möglichen Sternen hat sie aber immerhin doch zwei vergeben. Ich werde das Buch eher nicht lesen.

Lesen ist eine einsame Angelegenheit, könnte man meinen. Doch auf Leseplattformen wie LovelyBooks gilt das gerade nicht, jedenfalls weder für das Davor noch das Danach. Wohl liest man allein, aber man bleibt nicht einsam dabei: Lektüre wird zu einem gemeinschaftsbildenden Erlebnis. Bücher parallel oder sogar gemeinsam zu lesen und dann darüber zu reden war schon immer ein Gegengift gegen das Alleinsein, und nicht nur das der Lektüre. In den vergangenen Jahrhunderten trafen sich Literaturliebhaber in Salons, um sich über Bücher auszutauschen. Das war privat und exklusiv; der Zutritt setzte eine Einladung oder Empfehlung voraus, Mittelpunkt des Salons war in der Regel eine Dame der Gesellschaft; den Ton gaben dennoch zumeist Herren an, und er konnte auch scharf und zynisch sein, auf jeden Fall verstand man sich als Bildungselite mit einem gewissen Repräsentationsbedürfnis.

Das ist schon etwas anders in den Lesekreisen, deren Boom im angloamerikanischen sich inzwischen auch im deutschsprachigen Raum fortsetzt: die geteilte Lektüre im privaten Kreis. Laut einer Studie der britischen Literaturwissenschaftlerin Jenny Hartley gibt es allein in England 50.000 organisierte »reading groups«; insbesondere im ländlichen Amerika sind fünf Millionen Leser:innen in »book clubs« organisiert. Das sind Zahlen, die die Lesezirkel zu einer wichtigen Zielgruppe für Verlage und Buchhandlungen machen. Die wenigsten von ihnen sind literaturwissenschaftlich interessiert; in der Regel geht es um das Lesen im Kontext der Gemeinschaft, um die Möglichkeit, mit seinem Leseerlebnis nicht allein zu bleiben. Und genauso wichtig, wie die eigenen Gefühle und Gedanken zu dem ausgewählten Buch vor den anderen auszubreiten, ist es, deren Ansichten darüber zu erfahren. Das Ideal ist eine herrschaftsfreie Kommunikation, ein angstfreier Raum, in den sich alle auf ihre Weise mit ihren Lektüreerfahrungen einbringen können.

Im deutschen Sprachraum macht diese Idee seit Kurzem unter dem Anglizismus »shared reading« von sich reden. Die Trademark ist insofern richtig gewählt, als das Konzept dazu aus England, genauer aus Liverpool stammt. Dort wurde in den Nullerjahren TRO, »The Reader Organisation«, gegründet. Sie will mehr, als einfach nur Menschen zwanglos in Lesekreisen zusammenführen, versteht ihr Anliegen vielmehr als »literaturgestützte Intervention«, die sich auch in der Demenz- und Schmerztherapie, in psychiatrischen Anstalten und in Gefängnissen anwenden lässt. Parallel dazu wird die Methode von einem interdisziplinären Institut der Universität Liverpool erforscht. Die einzelnen Lesegruppen werden von einem sogenannten Facilitator geleitet, zu dem man sich mittlerweile auch hierzulande ausbilden lassen kann. Shared-Reading-Gruppen gibt es im deutschen Sprachraum u. a. in Berlin, Hamburg, Heidelberg und Zürich. Auch Volkshochschulen, Stadtbibliotheken, Literaturhäuser und Seniorenheime bieten vergleichbare Initiativen an.

Da ist der Anspruch einer Online Reading Platform wie LovelyBooks erst einmal sehr viel geringer: Hier ist der Zutritt so gut wie barrierefrei, man meldet sich an, und alles andere liegt dann bei einem selbst; Frauen sind in der Mehrheit, was schlicht daran liegt, dass sie auch die Mehrheit der Leserschaft von »fiction« bilden; es herrscht eine Wohlfühlatmosphäre, und der Umgangston ist respektvoll, wenig ist zu spüren von der Aggressivität, der Egozentrik und dem Zynismus, der in den sozialen Medien ansonsten vorherrscht. Leser:innen scheinen sich als eine große Solidargemeinschaft zu verstehen.

LovelyBooks ist mittlerweile eine hundertprozentige Tochter von Hugendubel, Anfang 2021 hat es der Buchhandelsfilialist von der Georg von Holtzbrinck Verlagsgruppe übernommen, zu der Buchverlage wie Rowohlt, S. Fischer, Droemer Knaur und Kiepenheuer & Witsch gehören. Hinter den von LovelyBooks veranstalteten Buchverlosungen, Leserunden und Livestream-Lesungen steckt also durchaus ein kommerzielles Interesse, was man als Buchliebhaber aber leicht verschmerzt, da es ja lediglich um die Ankurbelung des Verkaufs dessen geht, was man selbst liebt – Bücher nämlich. Und wo ich sie dann kaufe,

bleibt schließlich mir selbst überlassen, auch wenn die Filialisten mittlerweile die neue Käufergruppe gezielt mit Tischen und Aktionen bedienen. Mit der Übernahme durch Hugendubel ist LovelyBooks auch näher an den Schauplatz herangerückt, den Lesende regelmäßig aufsuchen, weil sie dort ihr Futter finden: die Buchhandlungen. Letztlich birgt das sogar weniger Gefahr, bestimmte Bücher im Eigeninteresse zu lancieren, als die Anbindung an einen Verlag oder eine Verlagsgruppe, die dazu neigt, eine Lesecommunity wie LovelyBooks als verlängerten Arm der Marketingabteilung zu betrachten. Denn auch in Verlagen ist längst die Erkenntnis angekommen: Je mehr Leserinnen und Leser über einen Titel kommunizieren, desto attraktiver wird er für andere. Mit der Erstellung von Charts macht LovelyBooks diese Einsicht zum Teil seines Erfolges: Sie zeigen genreübergreifend oder auch genrebezogen die Bücher, die in einem bestimmten Zeitraum meistgelesen oder meistbewertet waren. Nicht der Tenor der Besprechungen, ob positiv oder kritisch, auch nicht die Anzahl der vergebenen Sterne, sondern die pure Aufmerksamkeit ist für die Platzierung ausschlaggebend.

Aufmerksamkeit ist und bleibt die entscheidende Währung des Internets. In dem Maße, wie sich der Bildungskanon so gut wie auflöst (nicht zuletzt weil die Lehrpläne der Schulen ihn abgeschafft haben) und die klassische Literaturkritik zum Glasperlenspiel für einen »inner circle« von Beflissenen mutiert, nimmt das Bedürfnis nach Empfehlungen im unübersichtlichen Markt der Bücher zwangsläufig zu. Bücher zählen zu den Produkten, die hinsichtlich ihrer Qualität, vor allem aber hinsichtlich der Frage, ob sie den jeweiligen Lesepräferenzen entsprechen, einen hohen Grad der Unsicherheit vor dem Konsum, sprich bei der Kaufentscheidung aufweisen. Was liegt da näher als der Ausweg, sich an die Empfehlungen von Freundinnen und Freunden zu halten, wobei darunter erst einmal Menschen mit ähnlich gelagerten Interessen und einem ähnlichen Geschmack, womöglich sogar ähnlichen Emotionen oder Temperamenten zu verstehen sind. Vormals ungeahnte Chancen hat, wer sich in diesem Spiel nicht mit der Rolle des »imitators« zufriedengibt, sondern kenntnisreich oder einfach nur mutig selbst Trends setzt und so zum »influential« aufsteigt. LovelyBooks und andere Online-Reading-Communities zeigen: Das Internet hat die Lesekultur keineswegs verdrängt, sondern im Gegenteil befördert, dabei aber auch verändert, vor allem hin zu einem Mehr an Teilhabe und Demokratie. Man muss nur ein Smartphone haben und einigermaßen mit der Technik vertraut sein, und schon kann man als gewöhnliche Leserin, als gewöhnlicher

Leser seine Meinung zu einem Buch, seine Gedanken dazu und seine Leseempfehlung publizieren. Wie allein man damit bleibt, ob sich ein Publikum findet, das einem folgt und sich inspirieren lässt, hängt dann sehr stark von der Originalität, der eigenen Ausstrahlung und der Professionalität ab, mit der man sich im Netz bewegt. Jedenfalls haben sich auf dieser Basis schon viele Einzelne und auch Gruppen einen Namen gemacht und sind zu kleineren oder größeren Größen im Literaturbetrieb aufgestiegen, etwa die als Moderatorin und Influencerin tätige Karla Paul oder die auf der Frankfurter Buchmesse zur »#BookTok Autor:in des Jahres« gekürte 25-jährige Josi Wismar, die von sich sagt, erst durch ihr Engagement in den sozialen Medien habe ihr Traum, Autorin zu werden, realistische Gestalt angenommen, »weil ich dort gesehen habe, dass andere auch schreiben und sogar einen Verlag gefunden haben«. Und auch die Verlage haben diesen Bereich der PR längst für sich entdeckt, versorgen die neuen Kritikerinnen und Kritiker mit Gratisexemplaren, Interviewterminen und Insiderinformationen.

Besonders wichtig erscheint mir, dass die neue Art, dem Lesen von Literatur eine Öffentlichkeit zu verschaffen, die gewöhnlichen Leserinnen und Leser gestärkt, ja ihnen eine Stimme gegeben hat. Ihr Gewicht und Einfluss reicht längst an den der Kritiker in den Leitmedien heran, wenn er sie nicht sogar in den Schatten stellt. Ich würde so weit gehen zu sagen, dass die literarische Öffentlichkeit weitgehend ins Netz abgewandert ist, vielleicht noch flankiert von den hochsubventionierten Literaturhäusern und Veranstaltungen wie in Deutschland der lit.cologne. Beide Sphären sind aber kaum innovativ, hier geben sich die sowieso schon bekannten Köpfe ein Stelldichein, während die digitale Szene ständig neue, junge Leser:innen anzieht, oft sogar erst hervorbringt.

Vor allem aber ist die neue literarische Öffentlichkeit keine Veranstaltung von oben nach unten wie die alte, in der professionelle Lesende, Kritiker genannt, die gewöhnlichen Lesenden etwa zu später Sendezeit belehrten. Die Internet-Lesekultur ist eine Bewegung von unten nach unten, von den gewöhnlichen zu den anderen gewöhnlichen Leserinnen und Lesern, weshalb sie von denen da oben auch ignoriert wird – was dann wiederum zu sonderbaren Zeitdiagnosen wie der führt, sie sei gar nicht vorhanden.

»Es ist ein Spektakel mit dem Buch«

Von LovelyBooks zu BookTok ist es nur ein Sprung – aber was für einer. Denn BookTok, eigentlich nur ein Hashtag von TikTok, ist eine für Smartphones optimierte Videoplattform. Besprechungen existieren hier nicht mehr, wie bei LovelyBooks noch der Fall, in schriftlicher Form, sondern als kleine Privatsendungen, bei denen die Senderin in der Regel Drehbuchschreiberin, Bühnenbildnerin, Darstellerin, Kamerafrau und Regisseurin in Personalunion ist. Und Leserin natürlich. Das hört sich dann zum Beispiel so an:

»Okay Leute, ich zeige euch jetzt vier Bücher, die ich an einem einzigen Tag durchgesuchtet habe ... Fangen wir mit einem Buch an, das ich eigentlich niemals lesen wollte, und zwar ›Verity‹ von Colleen Hoover. Ich find's ein bisschen overrated, weil die Plots waren ehrlich vorhersehbar, aber die Brutalität – mmh, excuse me – das hat mich wirklich richtig geschockt. Eins muss man ihr lassen, sie kann auf jeden Fall schreiben. Ich war hooked, ich konnte nicht aufhören, weshalb ich es auch an einem Tag durchgelesen habe ...«

Die Texanerin Colleen Hoover ist der Superstar des BookTok-Universums. Ihr erstes Buch hat sie selbst 2012 auf einer Internet-Plattform veröffentlicht. Inzwischen eigentlich 20 Jahre zu alt für ihre Zielgruppe – die jungen Frauen zwischen 16 und 30, die auf BookTok in der Mehrheit sind –, schreibt sie Bücher über junge Erwachsene, die ihr Glück in der Liebe und ihren Platz in der Welt suchen. In der Regel sind das durchaus klassische Liebesromane mit einem tragischen Twist, aber mit *Verity* hat sie sich auch an das Genre des »Thriller« herangewagt. Der durchschlagende Erfolg des Buches beruht nicht zuletzt darauf, dass die Hauptfigur Lowen Ashleigh den Traum lebt, den viele der jungen Frauen, die auf BookTok ihre Leseempfehlungen inszenieren, selbst träumen: von der Leserin zur Autorin zu werden. Besagte Lowen bekommt das Angebot, als Ghostwriter die gefeierten Psychothriller von Verity Crawford zu Ende zu schreiben. Die Starautorin hatte einen Autounfall und ist seitdem nicht mehr ansprechbar. Welche Leserin des Romans würde da wohl ablehnen? Auch Lowen akzeptiert – allerdings nicht zuletzt deshalb, weil sie sich zu Veritys Ehemann hingezogen fühlt. Während ihrer Recherchen im Haus der Crawfords stößt sie auf Veritys Tagebuch, und darin offenbart sich Lowen Schreckliches ... »›Verity‹ wird nicht Ihr Herz erweichen«, hat »Kindle Crack Book Reviews« im Stil einer Triggerwarnung dazu gemeint: »Es wird Ihnen die Seele erstarren lassen.«

Noch eindeutiger als auf LovelyBooks geht es auf BookTok um starke Emotionen und um Selbstdarstellung: sich selbst mit dem Buch zu zeigen, das man empfiehlt (oder auch nicht) und dabei die Empfindungen zu veranschaulichen, die es bei der Lektüre ausgelöst hat. Fehlen der betreffenden Person die Worte, kann das auch ein entsetzter Blick, ein Grinsen oder ein Gähnen sein. Wer nun aber meint, das sei neu oder ein Zeichen des Niedergangs des Literaturbetriebs, der hat ein falsches, idealisiertes Bild der Literaturgeschichte, geprägt noch vom 19. Jahrhundert, als es nicht national, patriarchal und pompös genug zugehen konnte. Die Szene heute erinnert stark an die Situation um 1800, als schon einmal viele junge Frauen mit ihrem Leseverhalten und ihren Geschichten den Literaturbetrieb (und nicht nur den) unsicher machten. In den Büchern, die sie lasen und zu einem gewissen Teil auch schrieben, ging es wie heute immerzu um Liebe und den Platz junger Leute in der Welt. Die auch auf BookTok wiederentdeckte und gefeierte Jane Austen war seinerzeit nur eine unter vielen Autorinnen, die Romane zu diesem Thema schrieben. Die anderen sind mehr oder minder vergessen, vergraben unter den Monumenten, die die offizielle, so nationalistische wie männerfokussierte Literaturgeschichtsschreibung errichtet

hat. Schon damals war die hochemotionale Lektüre, die sich von dem Romangeschehen mitreißen ließ, die Regel, und ein Buch, das dies schaffte, wurde auch gleich der besten Freundin oder dem Freund weiterempfohlen. Ein schlagendes Beispiel dafür ist die zeitgenössische Rezeption von *Die Leiden des jungen Werther*, des Liebesromans des 25-jährigen Goethe, in dem er eine eigene unglückliche Liebesgeschichte mit dem Bericht über den Suizid eines jungen Juristen namens Wilhelm Jerusalem verknüpft, den ihm ausgerechnet der Verlobte der jungen Frau, in die er sich selbst verliebt hatte, also sein Rivale, zuspielte. Ergebnis war ein Roman in Briefen, von denen Goethe noch im Alter meinte, es seien »lauter Brandraketen«. Die Wirkung war so ungeheuer, weil Goethe mit der Geschichte von Werthers Lebensanschauung und Werthers Scheitern den

Nerv der Zeit getroffen hatte, insbesondere den der jungen Leute, die sich beinahe vorbehaltlos mit der Titelfigur identifizierten.

»Es ist ein Spektakel mit dem Buch«, schreibt etwa Hans Buff, ein jüngerer Bruder besagter Charlotte, der Goethes Liebe galt und die im Roman nur Lotte genannt wird: »Zwei Exemplare sind hier in der ganzen Stadt und jedermann will es lesen! Einer stiehlt es dem andern, so gut er kann. Gesten Abend lasen der Papa, Caroline, Lene, Wilhelm und ich in einem Exemplar, welches wir uneingebunden von Gießen hatten; jedes Blatt ging durch fünf Hände.« Andere berichten über Ströme von Tränen, die bei der Lektüre flossen. Ein Leser wundert sich, »wie das Ding durch Leib und Leben geht, in jeder Ader zuckt«. Von dem Schriftsteller Wilhelm Heinse heißt es, dass er nach der Lektüre umherschwankte »wie ein Rohr, in einer so wahrhaften Entäußerung seiner selbst, dass es einen jammerte«. Nicht wenige lesen das Buch gleich mehrere Male hintereinander weg. Auguste Solberg verschlingt es nach eigener Aussage so häufig, dass sie »ihren« *Werther* bald auswendig weiß. Eine Schilderung setzt die Lektüre des Romans beinahe unmissverständlich mit einem imaginären Geschlechtsverkehr bis hin zum Orgasmus gleich: »bis vom Nektartaumel Himmel und Erde schwankten«. Die Intensität, mit der hier vor 250 Jahren gelesen wurde, aber auch der Wortreichtum, mit dem diese Intensität geschildert wird, dürfte so manche BookTokerin von heute erblassen lassen. Selbst die Idee, Outfits von Figuren aus Büchern nachzuahmen, um der Identifikation mit dem Lesestoff sichtbaren Ausdruck zu verleihen, ist nicht neu: Als der junge Goethe mit Freunden in die Schweiz aufbrach, um in freier Natur das rebellische, poetische Lebensgefühl seiner Generation auszuleben, geschieht das in der Kleidung, die er selbst seinem Helden zuschreibt: im blauen Rock mit gelber Weste.

Das war aber keineswegs schon das Maximum an möglicher Zurschaustellung der Identifikation mit der Welt des Romans und den von ihm transportierten Gefühlen. So verabredeten sich im Frühling 1776, eineinhalb Jahre nach dem Erscheinen des Romans, an seinem Schauplatz Wetzlar Bürger und Besucher der Stadt, auch einige Literaturtouristen, zu einer Feier für das unglückliche Opfer der Empfindsamkeit und der Liebe. Man traf sich bei einbrechender Dämmerung und begann die Feier mit einer Lesung aus Goethes Roman. Teile der Zuhörerschaft stießen immer wieder tiefe Seufzer aus, ihre Gesichter glühten, viele schluchzten in einem fort. Einige Male unterbrochen wurde die Lesung durch Lieder und Gesänge, die alle gemeinsam anstimmten. Kurz vor Mitternacht dann formierten sich die Anwesenden zu einer Prozession und setzten sich in Richtung Friedhof in Bewegung, auf dem Wilhelm Jerusalem begraben lag. Sein Grab galt längst als das der Romanfigur Werther. Jede:r der Beteiligten trug ein Wachslicht, alle waren schwarz gekleidet und hatten ihr Gesicht hinter einem Trauerflor verborgen. Wer zu dieser späten Stunde dem Zug auf der Straße begegnete, hielt ihn für eine Prozession höllischer Geister. Auf dem Kirchhof angekommen, formierte man sich um das Grab und stimmte die Werther-Hymne des Freiherrn von Reitzenstein an, die »Lotte bei Werthers Grab« überschrieben ist, alle aber nur nach ihrem ersten Vers nannten: »Ausgelitten hast du – ausgerungen / Armer Jüngling! Deinen Todesstreit; / Abgeblutet die Beleidigungen / Und gebüßt für deine Zärtlichkeit.«

Zugänglichkeit, eine Lektüre, die einen Sog ausübt, die Möglichkeit der Identifikation, starke Emotionalität, die Relevanz, ja Übertragbarkeit des Romaninhalts ins eigene Leben – das sind zentrale Kriterien jener Bücher, die auf einer Plattform wie BookTok empfohlen und analysiert werden. Es sind kaum andere Kriterien als jene, die vor 250 Jahren, als Liebesromane zum ersten Mal ein Massenpublikum erreichten, über Erfolg oder Misserfolg eines Buches entschieden. Und auch an der Ablehnung dieses Leseverhaltens und der zu ihm passenden Bücher seitens der »richtigen«, der seriösen Literaturkritik hat sich wenig geändert. Schon damals hieß es, das sei Schrott, Trivialliteratur, das sei gar keine richtige Literatur, etwas Dummes. Für weibliches Lesen galt sowieso der Verdacht, es sei seriell, immer dasselbe, intellektuell nicht satisfaktionsfähig. Die Frauen, die Werther und seine rasch übersetzten englischen und französischen Vorläufer und Nachfolger lasen, selbst die Leserinnen von Jane Austen haben das dann auch eher als »guilty pleasure« praktiziert, wie die Züricher Literaturwissenschaftlerin Christine Lötscher sagt. Eigentlich habe erst die MeToo-Bewegung, mit der der Feminismus im Mainstream ankam, dann dafür gesorgt, dass sich Frauen nicht mehr länger für ihre Vorlieben wie etwa das Lesen von Liebesromanen oder von Genreliteratur schämten. Der Boom von Social-Media-Plattformen wie LovelyBooks oder BookTok hat deshalb auch damit zu tun, dass man sich von dem offiziellen Literaturbetrieb nicht mehr vorschreiben lassen will, was die Kriterien für Literatur sind. Es muss nicht immer stilistisch innovativ sein, es muss nicht immer ein Ausloten der Wirklichkeit mit einer neuen Sprache geben.

Book Lovers: New Adult & Fanfiction

Seit Anfang 2000 nennt sich das neue Genre, das sich vorrangig an junge Erwachsene wendet, deren Lebens- und Liebeserfahrungen aufgreift und in spannende, so leicht wie vergnüglich zu lesende, häufig auch witzige Storys verpackt, »New Adult« – eine Abwandlung von »Young Adult«, den Büchern für Jugendliche bis achtzehn Jahren. Auf dem deutschen Buchmarkt zeichnen sich New-Adult-Romane durch eine spezifische Ausstattung aus: vornehmlich englische Titel, Buchcover in Pastelltönen, eine veredelte Paperback-Ausstattung mit Farbschnitt, Prägung oder Handlettering. Wesentlicher noch ist aber ihr Reihencharakter: Es gibt kaum Einzelbände, auch wenn die zu einer Folge gehörenden Bücher sich so lesen lassen. Wie auch die BookTok-Welt selbst, so ist der dort empfohlene Buchtyp seriell. Auch das ist nichts Neues. Schon im 18. Jahrhundert waren die populären Romane auf Fortsetzungen angelegt und von Seriencharakteren bevölkert. Das hat zwei Vorteile. Auf Seite der Schreibenden: Schnelligkeit. Die bereits erwähnte Josi Wismar, Trägerin des BookTok-Awards 2024, macht sich auf mehreren BookTok-Videos einen Spaß daraus, ihren Fans ihr atemberaubendes Schreibtempo vorzuführen. »Heute zeige ich euch allen, da es ja gestern mit dem Schreiben so unfassbar gut geklappt hat, probieren wir heute mal 3000 Wörter«, sendet sie aus dem ICE, den Laptop vor sich aufgeklappt. Nach gut einer Stunde ist sie bereits bei 1299 Wörtern angelangt, und am Ende der Zugfahrt hat sie die Wette gewonnen: 3019 Wörter. Und damit nicht genug. Am Abend, so berichtet sie, habe sie sich noch mal hingesetzt und mit 10.000 Wörtern an einem Tag ihre Bestmarke heraufgeschraubt. 10.000 Wörter, das sind mindestens 25 gedruckte Buchseiten. Kein Wunder, dass es die 25-Jährige in zweieinhalb Jahren auf fünf veröffentlichte Bücher gebracht hat. Ganz so ernst nimmt sie die Sache mit dem Schreibtempo dann aber auch wieder nicht. Ein weiteres BookTok-Video zeigt sie wiederum im Zug. Diesmal lautet die Wette: 2000 Wörter für ihre neue Buchreihe in zwei Stunden. Ihre Begleiterin wettet dagegen: Du wirst einschlafen. Josi: »Ich hasse dich.« Aber in der Tat zeigt das Video, wie sie langsam wegdämmert und schließlich selig schläft, den Kopf auf ihre Jacke gebettet.

Auf Seite der Lesenden ist der Vorteil von Serialität: Wiedererkennbarkeit. Ein vertrautes Personal begleitet Leserinnen und Leser durch mehrere Bände und wird zum Bestandteil des eigenen Lebens. Nicht selten scheint den imaginären Protagonist:innen der Serie mehr Lebendigkeit und Seelenzauber innezuwohnen als den Mitlebenden, hinter deren stereotypem Verhalten der Wunsch sichtbar wird, nur ja nicht aufzufallen. Wie man so etwas perfekt in Szene setzt, konnten die Autorinnen und Autoren von den TV-Soap-Operas lernen, die sie in ihrer Jugend konsumiert haben. Die gleiche Wiedererkennbarkeit gilt auch für die narrativen Muster der New-Adult-Romane, die sogenannten »tropes«. Das sind Plotstrukturen, die immer gleich ablaufen. Sie tragen alle englische Bezeichnungen: Enemies to lovers, Friends to lovers, Grumpy needs sunshine, Insta Love, Slow Burn, Second Chance, Female rage, One-Bed-Trope, um nur ein paar zu nennen. Im »One-Bed-Trope« etwa geht es darum, dass zwei an einem Ort übernachten, aber nur ein Bett zur Verfügung steht. Das Ergebnis ist absehbar, und das gilt im Prinzip für alle »tropes«, gerade auch den beliebtesten, »Enemies to lovers«, der wie ein Krimiplot funktioniert. Man weiß, die zwei kommen zusammen, und man spürt auch, dass sie voneinander angezogen sind, aber sie selbst wissen es noch nicht. Auf Autor:innen-Seite besteht die handwerkliche Herausforderung dann darin, die Geschichte so zu erzählen, dass die Leser:innen permanent in der Spannung bleiben. Darüber hinaus ist das Abarbeiten von »tropes« extrem verkaufsfördernd, wie die übliche Praxis belegt, den verwendeten »trope« bereits auf der Umschlagrückseite zu annoncieren. »Eine ›Enemies to lovers‹-Geschichte, die jedes Leser:innenherz dahinschmelzen lässt«, heißt es dann etwa. Die klare Ansage hilft über die bereits beschriebene Unsicherheit vor dem Konsum hinweg: So habe ich einen wichtigen Anhaltspunkt, ob ich das lesen möchte oder nicht.

Trotz vieler Gemeinsamkeiten gibt es aber auch sichtbare Unterschiede zwischen »New Adult« und »Old Adult«, zwischen den alten und den neuen Liebesromanen. In einem Podcast über den Boom von »New Adult« sind sich die Autorin Kathinka Engel, die Lektorin Margit Schulze und die New-Adult-Forscherin Christine Lötscher schnell einig, was New Adult *nicht* sein kann: dass nämlich eine Person unglücklich bis ans Ende ihrer Tage ist und die andere Person einen anderen heiratet – sprich das Werther-Schema, bei dem dies sogar im Suizid des unglücklich Liebenden endet. In der New-Adult-Welt gestehen die Liebenden sich ihre Liebe immer irgendwann. Das Ganze hat einen Zug ins Pragmatische mit einem durchaus antiromantischen Affekt, der an die Neue Sachlichkeit in den Zwanzigerjahren des vorigen Jahrhunderts erinnert. Schon damals war bemerkbar, dass die Psychologie, die zur Goethezeit noch in den Kinderschuhen steckte, den Blick auf die Liebe inzwischen stark verwissenschaftlicht und damit auch versachlicht hatte.

Und noch eins unterscheidet die neuen von den alten Liebesromanen: Zu den New-Adult-Romanen gehört auch die Auseinandersetzung über die Rolle der Medien in unserem Leben, sei es nur das Bücherlesen, seien es Netflix-Serien oder Aktivitäten auf Social Media. Die Protagonist:innen der neuen Liebesromane sind mit allen medialen Wassern gewaschen; so leicht kann ihnen, gerade auch den Frauenfiguren, niemand mehr etwas vormachen. Das verleiht dem ganzen Genre einen Zug ins Ironische, Spielerische, den man in den klassischen Liebesromanen nicht antrifft. In *Book Lovers* von der amerikanischen Bestsellerautorin Emily Henry sind die beiden Protagonisten sogar ein Verlagslektor und eine Verlagslektorin. Kein Wunder, dass der Roman damit endet, dass er sein Liebesbekenntnis mit der Auskunft krönt, in ihr wie in einem Buch zu lesen, dabei allerdings hinzuzufügen vergisst, wie er das Buch findet – ausgerechnet er, der ansonsten für seine beißende Kritik von Manuskripten bekannt ist. Die deutsche New-Adult-Autorin Kathinka Engel, vormals Lektorin, erzählt, dass der Impuls, die Seite zu wechseln und selbst zu schreiben, von einer Konferenz zum Thema »Liebesromane« ausging. Sie stieß sich an dem immer noch vorherrschenden Schema der Nackenbeißerromane (Mauerblümchen trifft Alpha-Mann) und beschloss, es mit der Umkehrung zu versuchen. In ihrem Erstling *Finde mich. Jetzt* erklärt dann eine junge Frau einem Mann die Welt und wie sein Körper funktioniert. Alle ihre Romane enthalten diese »empowernde feministische Note«, wie Engel sich ausdrückt.

Zumindest in einer Hinsicht ist aber doch alles beim Alten geblieben – und sie betrifft gerade das Lesen selbst. Obwohl die neuen Liebesromane viel mehr explizite Sexszenen enthalten als die alten, die sich hier in der Regel auf Andeutungen beschränkten, schätzen es die Leserinnen der Bücher nicht, dass diese intimen Szenen öffentlich vorgelesen werden. Autorinnen, die dagegen verstoßen, schlägt aus dem Publikum Ablehnung entgegen. Das Intime soll intim bleiben, was aber auch heißt: Lesen ist weiterhin ein intimer Akt, in dem ich bereit bin, Grenzen zu überschreiten, die ich im gewöhnlichen Leben respektiere. Noch bei New Adult gehören die Lust am Lesen und die Lust an der erotischen Imagination zusammen. Im 18. Jahrhundert wurde Frauen in der bereits erwähnten Lesesucht-Debatte vorgeworfen, dass sie sich bei der Lektüre in erotische Traumwelten hineinsteigern. Das ging so weit, dass Gemälde kursierten, die zeigten, wie sich Frauen bei der Buchlektüre selbst befriedigen. (Paradoxerweise waren diese Bilder wiederum von Männern für Männer gemalt, die sie ihrerseits als Onanievorlage nutzten.) Christine Lötscher nennt die Verbindung von weiblichen erotischen Phantasien mit dem Lesen sogar eine Kulturtechnik. Zwar sind die New-Adult-Romane keine explizit erotischen Romane. Der Sex, den sie enthalten, wird stets in einer durchaus übersichtlichen Menge dargeboten – als Teil des Plots, wohingegen dieser bei pornografischer Literatur in der Regel nur als Vorwand, als Rahmung dient, um dann zur Sache zu kommen. Und er ist weit von dem entfernt, was man harte Pornografie nennt, beschränkt sich vielmehr darauf, die eigene Phantasie zu beflügeln. Aber der Sex gehört dazu, so wie er eben auch zu einer wirklichen Liebesbeziehung gehört – was die »alten« Liebesromane gerade nicht explizit machten, die neuen dagegen sich umso mehr auf die Fahne schreiben.

Das war schon bei Fanfiction so, dem großen Ding im Internet vor dem New-Adult-Boom. Da war der Ausgangspunkt das Gefühl der Leere und Verlorenheit bei Leserin und Leser in dem Augenblick, da sie die letzte Seite ihrer fesselnden Lektüre hinter sich lassen und das Buch aus der Hand legen. Ich habe Olof Lagercrantz zitiert, der dieses Gefühl unübertrefflich beschrieben hat. Es kann auch wie ein ungläubiges Ungenügen erscheinen: Das Buch war wirklich nicht mehr als das? Diese Wesen, die die Seiten bevölkerten und denen wir mehr Aufmerksamkeit geschenkt haben als den Menschen im wirklichen Leben – sollen wir wirklich nichts weiter über sie erfahren?

Fanfiction schaffte hier Abhilfe: Um dem Horror vacui des ausgelesenen Buches zu entgehen, machten sich Leserinnen oder Leser an das Verfassen einer Fortsetzung, ohne sich dafür autorisieren zu lassen. Das führte binnen Jahren nicht nur zu heftigen Rechtsstreitigkeiten, an denen insbesondere die beteiligten Juristen verdienten, sondern auch zu zahllosen Werken von Kurzgeschichten bis zu Langromanen von Tolstoi'schen Ausmaßen, ausnahmslos alle erst mal publiziert im Internet, auf Websites wie FanFiction.net. Insider sprechen von Millionen von Texten, die hier abgelegt sind. Auch *Fifty Shades of Grey*, der erotische Mega-Bestseller Anfang der 2010er Jahre, war ursprünglich ein Fanfiction-Werk, das dann von Autorin und Verlag zu einem Mainstream-Produkt umgearbeitet wurde. Das Werk, das es Erika Leonard, die sich als Autorin E. L. James nannte, so sehr angetan hatte, dass sie ohne seine Lektüre fortan nicht mehr weiterleben wollte, weshalb sie also beschloss, sich die Fortsetzung selbst zu schreiben, war Stephenie Meyers enorm erfolgreiche Twilight-Tetralogie, in Deutschland publiziert unter Titeln wie *Bis(s) zum Morgengrauen*. Die Mormonin Meyer hatte den Vampir-Roman runderneuert, der Liebesgeschichte in seinem Zentrum zugleich aber auch allen Saft und alle Kraft genommen, so dass böse Zungen schon behaupteten, sie benutze das Buch als Propagandainstrument gegen vorehelichen Geschlechtsverkehr. Und so sehr Erika Leonard Meyers Twilight-Saga auch liebte – dass ihr zweitausend Seiten lang vorenthalten wurde, wonach jeder anständige Vampir doch giert, nämlich die schöne Menschenfrau auszusaugen, muss ihren Bedarf an expliziten Szenen dermaßen ins Unermessliche gesteigert haben, dass sie ihre Fanfiction damit förmlich überschüttete. Und sie war keineswegs die Einzige, die so vorging. Sexszenen waren in Fanfiction-Werken häufig die auffallendste Zutat, die zum Original hinzugefügt wurde. Auch das neue Genre »New Adult«, das in vieler Hinsicht aus der Fanfiction-Bewegung hervorgegangen ist, ist ohne Sexszenen kaum zu denken – von »spicy« spricht man im Jargon der Fan-Community. Dabei geht es auch – das sollte man nicht unterschätzen – um Glaubwürdigkeit und Authentizität, um die Zeitgemäßheit der neuen Liebesromane, die die alten Geschichten noch einmal neu und auf der Höhe unserer Zeit erzählen. Und wer würde heute noch einer Liebe trauen, in der Sex nur als Desiderat gegenwärtig ist?

Kapitel 6

MACHT LESEN NUN GLÜCKLICH? ODER FREI? ODER WOMÖGLICH BEIDES?

Mit dem Glück ist es so eine Sache. Obwohl wir uns gerade in unseren schwachen, unglücklichen Stunden nach Rezepten sehnen, deren Anwendung uns das ersehnte Glück oder wenigstens das Gefühl davon bringt, wissen wir eigentlich, dass fürs Glücklichwerden generell keine Gebrauchsanweisungen existieren, an die man sich halten könnte. Wohl mag es immer wieder Autor:innen geben, die behaupten, einen richtigen oder gar den einzig wahren Weg zum Glück gefunden zu haben, und in der Hoffnung auf Nachfolger oder auch nur auf sprudelnde Honorareinnahmen dann entsprechende Leitfäden verfassen. Sie verweigern sich jedoch der Einsicht, dass Urteile über Glück zutiefst subjektive Werturteile und folglich weder wahr noch falsch sind. In Bezug auf Glück urteilt jeder in eigener Sache. Das verhält sich beim Leseglück nicht anders. Die Quellen für Glückserfahrungen mit Büchern mögen allgemeiner Natur sein; davon war auf den vergangenen Seiten schon vielfach die Rede. Wie und bei welchen Gelegenheiten diese Quellen zu sprudeln beginnen, ist dagegen eine höchst individuelle Geschichte. Leseglück ist in dieser Hinsicht so wenig (mit-)teilbar wie Lebensglück.

Etwas weniger subjektiv verhält sich die Sache mit dem Glück hingegen, wenn wir von einem anderen meinen, er sei glücklich. Wie der englische Philosoph Richard M. Hare zeigen konnte, schließt dieses Urteil nämlich ein, dass wir im Prinzip bereit wären, mit ihm zu tauschen. Wir werden keinen Menschen glücklich nennen wollen, gegen dessen Wünsche und Interessen wir eine unüberwindliche Abneigung verspüren. Hare bringt das drastische Beispiel, dass kaum jemand einen Heroinsüchtigen, der stets genügend Heroin bekommt, als wirklich glücklich bezeichnen würde. Feststellungen über das Glück anderer haben sowohl eine Innen- wie auch eine Außenperspektive. Wir können dabei weder beliebig von unseren eigenen Wünschen und Bewertungen noch davon absehen, was wir über einen anderen wissen. Das erklärt die Vielzahl und das breite Spektrum von Lebensformen, die man als glücklich bezeichnet hat. 288 Ansichten, worin das Glück besteht, zählte bereits Marcus

Terentius Varro, der berühmteste römische Universalgelehrte, und ihm darin folgend Augustinus. Die Zahl dürfte wie die der Menschen und der Bücher in der Zwischenzeit exponentiell gestiegen sein.

Treffen wir allerdings auf einen Menschen, der uns glücklich zu sein scheint, so übt er eine große Anziehungskraft auf uns aus. Nicht selten ist damit der Wunsch verbunden, so zu sein wie dieser andere. In der Regel bestärken wir dadurch jedoch unser eigenes Unglück, denn letztlich wissen wir nur zu gut, dass wir aus unserer Haut nicht herauskönnen und dass der Wunsch, ein anderer zu werden, eine schöne Fiktion, aber realitätsfern ist. Wir können noch so weit verreisen und mit hohen Erwartungen verbundene Sehnsuchtsorte aufsuchen, wir können noch so häufig umziehen, noch so viel Anstrengungen unternehmen, unser Ich aufzusprengen, uns noch so eng an jemanden binden, den wir für einen glücklichen Menschen halten, oder noch so intensiv im Rausch oder in unermüdlicher Tätigkeit Selbstvergessenheit suchen – wir entkommen uns nicht.

Genau dies aber erklärt auch die Faszination, die das Lesen von Literatur ausüben kann; denn es stellt unter den Umständen des Sich-selbst-nicht-entkommen-Könnens eine und vielleicht sogar die nachhaltigste Möglichkeit dar, den eng umgrenzten Bezirk unseres Ichs auf Zeit zu verlassen und den eigenen Erlebens- und Lebensradius zu erweitern. Weil uns letztlich nichts anderes übrig bleibt, als der oder die durchs Leben zu gehen, der oder die wir nun einmal sind, bietet sich das Bücherlesen als Kompromisslösung in Sachen Selbstüberschreitung an. Literaturwissenschaftler halten Lesen um der erzählten Geschichte und ihrer Charaktere willen in der Regel für den Gipfel an Naivität und weisen darauf hin, dass wir es nicht mit wirklichen Geschichten und Personen, sondern mit Artefakten narrativ organisierter Wirklichkeit zu tun haben, die aus nichts anderem gemacht sind als aus kunstvoll arrangierten Sätzen. Doch Sätze sind eben nie einfach bloß Sätze; sie beziehen sich immer auf Lebenszusammenhänge. Liest man dann die wissenschaftlichen Werke dieser Forscher, so trifft man auf den irritierenden Umstand, dass auch sie selbst trotz aller Beschwörungen des Gegenteils die Akteure eines Romans häufig nicht anders behandeln, als seien sie Menschen aus Fleisch und Blut. So ist etwa von ihrem Glück oder Unglück, ihrer Authentizität oder Selbsttäuschung die Rede. Verfahren die Forscher also nur nicht konsequent genug? Oder handelt es sich gar nicht um eine naive, sondern im Gegenteil um eine zumindest für den Roman grundlegende Form des literarischen Verstehens? Edward Mendelson, ein

MACHT LESEN NUN GLÜCKLICH? ODER FREI? ODER WOMÖGLICH BEIDES?

amerikanischer Literaturprofessor, plädiert leidenschaftlich für letztere Auffassung. Für ihn liegt die Faszinationskraft und Qualität von Romanen geradezu darin, dass sie von Menschen und ihren Lebensbedingungen erzählen, und dies unter der Perspektive, dass es sich nicht um Angehörige irgendeiner Kategorie, Klasse oder Gruppe im Sinne typologischer Schematisierung handelt, sondern um autonome, gleichsam lebendige Personen. Natürlich wissen wir, dass Elizabeth Bennet, Julien Sorel, Hans Castorp oder Kiki Belsey lediglich Schöpfungen ihrer Autoren sind. Und doch sind wir imstande und auch willens, sie auf ihrem Weg ein Stück zu begleiten, manchmal sogar über das Ende ihrer Geschichte hinaus, weil sie uns etwas zu sagen haben, von dem wir fühlen, dass es uns angeht. Nicht von allen würden wir im Lichte dessen, was wir über sie erfahren, behaupten wollen, sie seien glücklich oder auch nur sympathisch. Aber sie sind interessant, und dies nicht in einem oberflächlichen, sondern in einem faszinierenden Sinn: Ihre Schöpfer haben sie mit Wünschen, Überlegungen und Möglichkeiten ausgestattet, die wir als die Wünsche, Überlegungen und Möglichkeiten echter Menschen wiedererkennen. Die Nahrung, die der Autor dem Leser anbiete, sei nichts anderes als »die menschliche Natur«, schrieb Henry Fielding 1749 in *Die Geschichte des Tom Jones, eines Findlings* und bestimmte damit, was der in Paris lebende tschechische Schriftsteller Milan Kundera die Raison d'être des Romans genannt hat. Aufklärung und Moderne haben den Roman als ein Medium der anthropologischen Reflexion entdeckt. Seit Fielding ist der Roman zu einem Schauplatz der Entdeckung und der Erkenntnis unbekannter Aspekte des Menschen, seiner Wirklichkeiten und Möglichkeiten geworden.

Wenn wir Romane lesen, probieren wir Geschichten an wie Kleider, hatte ich Max Frisch zitiert. Wir prüfen, ob sie zu uns passen, ob das menschliche Maß, das der Autor an seine Figuren angelegt hat, eines ist, mit dem wir uns identifizieren können. Auf Zeit vertauschen wir unsere Kleider mit denen einer oder mehrerer Figuren des erzählten Geschehens, und es kann sogar sein, dass uns ihr Schicksal so nahegeht, dass wir uns fühlen, als steckten wir in ihrer Haut. Wir erkennen dadurch neue Aspekte unseres eigenen Lebens und was es überhaupt heißt, als Mensch auf dieser Erde zu leben. Ist das Buch gut, haben wir diese Aspekte nicht nur von außen, sondern auch aus der Innensicht kennengelernt. Und dann kann es sein, dass wir uns wirklich ein Stück weit verändert haben, ohne gleich ein ganz anderer geworden zu sein, dass wir mithin uns während der Lektüre verwandeln, ohne uns ganz zu verlieren.

Dieser Akt des Lesens kann verschiedene Formen annehmen: Er kann ein *Aussteigen* aus den gewöhnlichen Lebenszusammenhängen, ein *Einsteigen* in vollkommen neue Lebenszusammenhänge oder auch ein *Umsteigen* in alternative Lebenszusammenhänge sein. In allen drei Formen zeigt sich eine Freiheit gegenüber uns selbst, die zwar nicht absolut ist – weil wir uns ja nicht entkommen oder vollkommen neu erfinden können. Die aber trotzdem Freiheit ist, nämlich eine Freiheit relativ zu unserer Welt und zu uns selbst. Negativ formuliert: Wir sind nicht eingesperrt, weder in der Welt, in der wir leben, noch in unserem Ich, wir müssen (und können auch gar) nicht unsere Herkunft und unsere Vergangenheit zerstören, um uns zu verändern. Positiv formuliert: Freiheit beginnt mit transformativen Erfahrungen – wenn ich herausfinden will, wie mich bestimmte Entscheidungen verändern. Alle drei Formen bergen Glückspotenziale: verschiedene Möglichkeiten, wie sich Leseglück und Lebensglück bzw. Lebensunglück aufeinander beziehen.

Aussteigen

Dass Lesen glücklich macht, weil es zumindest auf Zeit einen Ausstieg aus dem von Zwängen bestimmten Alltag erlaubt, ist bis heute die meistgegebene Auskunft bezüglich des Leseglücks. Und so sieht es interessanterweise auch die insbesondere in der Vergangenheit lesefeindliche Kritik, die sich parallel zu der Verbreitung des wilden, unreglementierten Lesens seit dem Ende des 18. Jahrhunderts entwickelte. Nur dass sie nicht von Selbstvergessenheit und dem Eintauchen in fremde Welten sprach, sondern etwa von Eskapismus, Betäubung und Phantasterei. (Heute, wo das Lesen angesichts neuer, auf den ersten Blick noch wilder wuchernder Unterhaltungsformen ein außerordentlich positives Image gewonnen hat, hat sich weniger die Art der Kritik als deren Gegenstand gewandelt; sie trifft nun vor allem das Fernsehen sowie Computer- und Onlinespiele als Formen der totalen Unterhaltung rund um die Uhr – vermutlich nicht ganz zu Unrecht.)

Betrachten wir ein Beispiel für ausstiegsbedingtes Leseglück. Im Jahr 1919 lernt der Versicherungsbeamte und Schriftsteller Franz Kafka den Sohn eines Kollegen in der Versicherungsanstalt kennen, einen schwärmerischen Gymnasiasten, der, statt die Schule zu besuchen, in die städtische Bibliothek flieht und wie ein Besinnungsloser Romane verschlingt. Er nennt sich zwar glücklich, wie

MACHT LESEN NUN GLÜCKLICH? ODER FREI? ODER WOMÖGLICH BEIDES?

Franz Kafka als Student

Kafka anmerkt, doch macht er auf den Älteren »einen beängstigend verwirrten Eindruck«. So sucht er ihn etwa unangemeldet im Büro auf, bringt ihm dabei einen Haufen Bücher mit, die er lesen soll, und rennt dann dort herum, abwechselnd weinend, lachend und schreiend. Gustav Janouch, so der Name des überspannten jungen Mannes, steckt in einer Adoleszenzkrise, die noch durch eine familiäre Krise verstärkt wird. Er schreibt Gedichte – deshalb der Kontakt zu Kafka – und bezeichnet sich als Büchernarr. Über 30 Jahre später wird dieser Gustav Janouch seine Erinnerungen an die Begegnungen und Gespräche mit dem früh verstorbenen Kafka in einem Buch verarbeiten, dessen Quellenwert zwar äußerst zweifelhaft ist, das dennoch zahlreiche interessante Episoden und Gespräche schildert. Zum Beispiel folgende: Kafka und sein junger Begleiter schlendern durch Prag und bleiben vor dem Schaufenster einer Buchhandlung stehen. Als Gustav Janouch den Kopf immer wieder seitlich verdreht, um die Titel auf den Buchrücken entziffern zu können, lacht Kafka und bemerkt spöttisch: »›Sie sind wohl auch ein Büchernarr, dem die Lektüre den Kopf hin und her reißt.‹ ›Ja, so ist es. Ich glaube, dass ich ohne Bücher nicht existieren könnte. Für mich sind sie die Welt.‹ Dr. Kafka zieht die Augenbrauen zusammen. ›Das ist ein Irrtum. Das Buch kann die Welt nicht ersetzen. Das ist unmöglich. Im Leben hat alles seinen Sinn und seine Aufgabe, die von etwas anderem nicht restlos erfüllt werden kann. Man kann – zum Beispiel – sein Erleben nicht mittels eines Ersatzmannes bewältigen. So ist es auch mit der Welt und dem Buch. Man versucht das Leben in Bücher wie Singvögel in Käfige einzusperren. Doch das gelingt nicht.‹«

Halten wir zunächst fest, dass »Dr. Kafka« hier nicht wie der gewöhnliche Kritiker exzessiver Lektüre argumentiert. Er wendet sich nicht gegen Vielleserei und gegen Selbstvergessenheit über der Lektüre. Er wendet sich vielmehr gegen eine Verwechslung, die daraus allzu leicht folgt, nämlich der von Lesen und Leben. Seine Begründung ist nicht moralischer, sondern existenzieller Natur: Leben und Erleben lassen sich nicht delegieren, auch nicht ans Lesen. Erlebnisse mag man simulieren können, haben muss man sie selbst. Ein Leben mag völlig fremdbestimmt geführt werden, leben tut man es dennoch selbst. Und obwohl in dem kleinen Dialog das Wort Glück nicht fällt, scheint es als Problem gegenwärtig zu sein. Denn Janouch will eigentlich sagen: Ein Leben ohne Bücher wäre für mich ein unglückliches Leben. Nur indem ich lese, bin ich glücklich. Und Dr. Kafka entgegnet ihm: Man kann nicht lesen, statt zu leben. Dann gelingt, dann glückt das Leben nicht.

Davon ausgehend lässt sich die Meinungsverschiedenheit zwischen dem Älteren und dem Jüngeren über den Gebrauch von Büchern auch als eine Auseinandersetzung darüber lesen, was unter Glück zu verstehen sei. Der junge Janouch scheint mit Glück das zu meinen, was sich bei einer Form von Lektüre einstellt, die wir mit Begriffen wie Selbst- und Weltvergessenheit beschreiben. Wichtig ist dabei vor allem die intensive Konzentration auf die Kommunikation mit dem Buch – gewissermaßen unter Absehung von allem anderen, auch dem Akt des Lesens selbst, in dem Gelesenen vollkommen aufzugehen. Interessanterweise berichten Autoren von ähnlichen Erfahrungen beim Schreiben. Wie wir gesehen haben, hat der Psychologe Mihály Csíkszentmihályi derartigen Erlebniszuständen, die er auch bei Sportlern, Chirurgen oder Dirigenten, letztlich bei allen Personen antraf, deren berufliche Tätigkeit ihnen ein Höchstmaß an Konzentration und Aufmerksamkeit abverlangt, den Namen *flow* (fließen) gegeben. Interessant ist vor allem seine Herleitung unserer Wertschätzung von Flow-Erlebnissen. Csíkszentmihályi setzt sie in Kontrast zu unserem gewöhnlichen Alltagserleben, bei dem wir uns häufig bedroht fühlen. »Wenn man beispielsweise über die Straße geht und merkt, dass manche Menschen sich umdrehen und einen angrinsen, ist es normal, sich sofort Gedanken zu machen. Stimmt etwas nicht? Sehe ich anders aus, gehe ich komisch oder ist mein Gesicht verschmiert? Hunderte von Malen am Tag wird man an die Verletzlichkeit des Selbst erinnert. Und jedes Mal geht psychische Energie bei dem Versuch verloren, wieder Ordnung im Bewusstsein herzustellen.« Beim Flow gibt es keinen Raum für Selbsterforschung; denn in solchen Phasen ungeteilter Aufmerksamkeit, in denen wir ganz in unserem Tun aufgehen, ist unser Gehirn optimal ausgelastet. Für das Wohlgefühl, das sich dabei einstellt, machen Hirnforscher heute eine gesteigerte Ausschüttung des Botenstoffs Dopamin verantwortlich.

Vor diesem Hintergrund mag es auch kaum verwunderlich erscheinen, dass der hochgradig labile und unsichere junge Gustav Janouch sein ganzes Lebensglück im Bücherlesen sucht. In seinen im Jahr 1907 zuerst als Vortrag gehaltenen Überlegungen zum Dichter und dem Phantasieren hat Sigmund Freud ein solches Verhalten mit der »Korrektur der unbefriedigenden Wirklichkeit« und der Befreiung von seelischen Spannungen erklärt. Man dürfe sagen, »der Glückliche phantasiert nie, nur der Unbefriedigte«, schrieb Freud. Lesen ist ein Umweg, uns die verwehrte Befriedigung doch noch, nun aber im Gleichnis, nicht mehr in der Wirklichkeit, zu verschaffen. Romane mit einem sympathischen Helden im Mittelpunkt, der vom Autor wie von einer besonderen Vorsehung geschützt wird, sind Steilvorlagen für unsere Phantasien, in denen wir uns Wünsche wie den nach Unverletzlichkeit erfüllen.

Kafka demgegenüber scheint die Position zu vertreten, dass wir uns im Leben nicht nur an die Einbildungskraft halten können. Tun wir das, so um den Preis, den Realitätssinn zu verlieren. Das Leben lässt sich nicht wie ein Vogel in einen Käfig sperren, will heißen, man kann es nicht auf eine (Innen-)Perspektive reduzieren, die sich letztlich nur einem selbst erschließt. Wir werden nicht nur ständig von außen, also von anderen betrachtet, wir sind, um uns zu verstehen, auch darauf angewiesen, uns selbst mit den Blicken der anderen zu sehen. Erst unter Berücksichtigung dieser unvermeidlichen Außenperspektive lässt sich auch von einem glücklichen Leben im Sinne eines glückenden, eines gelingenden Lebens reden.

Bei Kafka spielte aber noch etwas anderes eine Rolle. Er misstraute nicht nur dem Leseglück, sondern dem Glück überhaupt, weil er es letztlich für oberflächlich hielt. Das geht etwa aus einem Brief an den Jugendfreund Oskar Pollak hervor, der zu einer Zeit geschrieben wurde, als er selbst kaum älter war als sein späterer, nur beim Lesen glücklicher junger Schützling. »Ich glaube«, schrieb Kafka im Januar 1904, damals 20 Jahre alt, »man sollte überhaupt nur solche Bücher lesen, die einen beißen und stechen. Wenn das Buch, das wir lesen, uns nicht mit einem Faustschlag auf den Schädel weckt, wozu lesen wir dann das Buch? Damit es uns glücklich macht, wie Du schreibst? Mein Gott, glücklich wären wir eben auch, wenn wir keine Bücher hätten, und solche Bücher, die uns glücklich machen, könnten wir zur Not selber schreiben. Wir brauchen aber die Bücher, die auf uns wirken wie ein Unglück, das uns sehr schmerzt, wie der Tod eines, den wir lieber hatten als uns, wie wenn wir in Wälder verstoßen würden, von allen Menschen weg, wie ein Selbstmord, ein Buch muß die Axt sein für das gefrorene Meer in uns. Das glaube ich.«

Die Ansicht über das Ziel und den Sinn des Bücherlesens, der Kafka hier mit großartigen Worten Ausdruck verleiht, ist einer Idee verpflichtet, die ich das Authentizitätspathos der modernen Literatur nennen möchte. Dass das Schreiben und Lesen von Literatur nicht Amüsement, sondern Erkenntnis ist, das hatte schon Fielding im 18. Jahrhundert behauptet. Kafka und viele seiner Vorgänger, Zeitgenossen und Nachfolger aber radikalisieren diese Position, indem sie wirkliche Erkenntnis damit gleichsetzen, den Lügen einer entfremdeten sozialen Wirklichkeit und der Tendenz des Menschen zur Selbsttäuschung zu entkommen. Glücklich zu sein oder ein glückendes Leben zu führen kann in einer korrupten Welt letztlich nur darauf beruhen, dass wir uns etwas vormachen. Weil wir jedoch dazu neigen, uns auch in der falschen Welt immer wieder einzurichten, brauchen wir Bücher, die uns mit einem Faustschlag auf den Schädel wachrütteln.

Wahrer als das Glück ist demnach das Unglück; denn in ihm liegt die Erkenntnis, die wir benötigen, um uns aus dem Lügengewebe zur Authentizität hin zu befreien. Der Weg dorthin führt über extreme Selbstisolierung, wie der Kulturtheoretiker Lionel Trilling gezeigt hat. Kafka dürfte ein Paradebeispiel für diese Suche nach Authentizität in selbst gewählter Einsamkeit sein.

Obwohl oder gerade weil Kafka von Jugend an davon überzeugt war, dass es eigentlich unmöglich ist zu leben, hat er im Lesen und insbesondere im Schreiben letztlich wohl doch eine Form von Glück gefunden. »Es waren und sind in mir zwei, die miteinander kämpfen«, schreibt er Felice Bauer kurz nach der Auflösung ihrer ersten Verlobung, der eine zweite Verlobung und eine erneute Entlobung folgen sollten. »Der eine ist fast so, wie du ihn wolltest [...] Der andere aber denkt nur an die Arbeit, sie ist seine einzige Sorge, sie macht, dass ihm die gemeinsten Vorstellungen nicht fremd sind [...] Die zwei kämpfen nun, aber es ist kein wirklicher Kampf, bei dem je zwei Hände gegeneinander losschlagen. Der erste ist abhängig vom zweiten, er wäre niemals, aus inneren Gründen niemals im Stande, ihn niederzuwerfen, vielmehr ist er glücklich, wenn der zweite glücklich ist [...].« Man könne das Leben nicht in Bücher wie Vögel in Käfige einsperren, hat Kafka dem jungen Gustav Janouch nach dessen Erinnerung als Lebensweisheit mitgegeben. Er selbst aber scheint sich in den Käfig des Schreibens eingeschlossen zu haben, belangbar vom äußeren Leben nur dann, wenn er eines Anstoßes bedurfte, um seine innere Welt zu Papier zu bringen.

Einsteigen

Leseglück, so hatte ich gesagt, kann sich nicht nur als Folge des Aussteigens aus den gewöhnlichen Lebensverhältnissen und der Entrückung in eine andere, scheinbar authentischere Welt einstellen; Bücherlesen kann auch Glück bedeuten, weil es einen Einstieg in Lebenszusammenhänge ermöglicht, aus denen der Betreffende bislang ausgeschlossen war. Auch dazu ein Beispiel.

Die amerikanische Literatur ist reich an Bibliotheksszenen. In der öffentlichen Bibliothek, einem Ort mit dem Anspruch, Wissen für alle zur Verfügung zu stellen, dessen Betreten oder Benutzung aber mit starken Auflagen und Zulassungsbeschränkungen verbunden war, entschieden sich einst ganze Lebensschicksale. Die vielleicht berühmteste Bibliotheksszene findet sich am Schluss von *Black Boy*, der mitreißenden Autobiografie von Richard Wright, dem ersten afroamerikanischen Schriftsteller von internationalem Rang. Das Buch erschien 1945 in den USA; es erregte großes Aufsehen und gab Anlass zu heftigen Diskussionen. Ohne jede Sentimentalität erzählt Wright, wie er im Süden der USA unter äußerst prekären Verhältnissen aufwuchs, in einer Welt, die von strikter Rassentrennung geprägt war. Die Sklaverei war zwar aufgehoben, aber das Schicksal der Schwarzen bestand weiterhin darin, als untergeordnete und minderwertige Menschen angesehen und behandelt zu werden. Wrights Buch war ein Fanal auch deshalb, weil er genügend Selbstbewusstsein besaß, um dieser Zumutung von Kindesbeinen an erst instinktiv und dann zunehmend bewusster mit seiner Person entgegenzutreten. Und dabei spielte das Bücherlesen eine bedeutende Rolle.

Wrights erste Begegnung mit Büchern endete, wie so vieles in seiner Kindheit, mit einer Tracht Prügel. Seine fromme und strenge Großmutter, bei der er und seine alleinerziehende Mutter eine Zeitlang wohnten, hatte als Haushaltshilfe eine farbige Lehrerin aufgenommen, eine junge, verträumte Frau, die ständig irgendwelche Bücher las. Eines Tages bringt er den Mut auf, sie nach dem Inhalt dieser Bücher zu fragen, und es entspinnt sich folgender Dialog: »›Bitte, Ella, sag mir, was du da liest‹, bat ich sie. ›Ein Buch‹, sagte sie ausweichend und sah sich furchtsam um. ›Aber was steht drin?‹, fragte ich. ›Deine Großmutter sähe es nicht gern, wenn ich mich mit dir über Romane unterhielte‹, sagte sie. Sie sagte es sanft und mit Sympathie in der Stimme [...] ›Aber ich will es wissen.‹ ›Wenn du erwachsen bist, kannst du selbst Bücher lesen, und dann weißt du, was drinsteht‹, erklärte sie mir. ›Aber ich will es jetzt wissen.‹ Sie dachte eine Weile nach und klappte dann das Buch zu. ›Komm her‹, sagte sie. Ich setzte mich ihr zu Füßen und sah zu ihr auf. ›Es war einmal ein alter, alter Mann mit Namen Blaubart ...‹« Sie erzählte dem kleinen Richard daraufhin flüsternd, wie Blaubart seine sieben Frauen eine nach der anderen getäuscht und geheiratet, geliebt und erschlagen und dann aufgehängt hatte. Der kleine Richard ist fasziniert: »Die Geschichte brachte die Welt um mich zum Leben, machte sie pulsieren und atmen. Die Realität verwandelte sich, die Dinge sahen plötzlich anders aus [...] Mein Lebensgefühl vertiefte sich und irgendwie auch dies Gefühl für die Dinge.«

Wenn Richard Wright am Schluss von *Black Boy* von seinem Aufbruch in den Norden berichtet, wo er sich »ein anderes, ein reicheres und erfüllteres Leben erhofft«, stellt er die Frage, woher er im Dunkel der Südstaaten die Ahnung dennoch vorhandener Lebensmöglichkeiten und seinen Sinn für Freiheit genommen habe. Seine Antwort ist: »Nur durch Bücher [...] hatte ich es fertiggebracht, mich selbst in einer nach innen gekehrten Vitalität am Leben zu erhalten. Wenn meine Umwelt mir Nahrung und Hilfe versagte, hatte ich mich an Bücher geklammert.« Erst seine wahllose Lektüre von Romanen und literaturkritischen Büchern habe ihm eine Ahnung von den dem Leben innewohnenden Möglichkeiten vermittelt.

Richards Interesse für Bücher brauchte nicht erst geweckt zu werden. Es war wach, spätestens seit der ersten, durch die Haushaltshilfe ermöglichten literarischen Erfahrung. Dennoch gewann dieses seit Kindesbeinen vorhandene Interesse noch einmal dadurch eine neue Qualität und Intensität, dass er als Achtzehnjähriger auf den Verriss eines Buches von Henry Louis Mencken stieß. Mencken, ein brillanter, zum Zynismus neigender, weißer Kritiker der amerikanischen Verhältnisse nach dem Ersten Weltkrieg – ihre Quintessenz schien ihm darin zu bestehen, im Namen der Freiheit diese selbst abzuschaffen –, war Wright völlig unbekannt. Sein Interesse wurde allein durch den Umstand erregt, dass eine Zeitung, die die offizielle Ideologie des Südens vertrat und seinesgleichen als Nichtmenschen abstempelte, Mencken mit einer wütenden Attacke bedachte.

Wie aber an Menckens Bücher herankommen? In der öffentlichen Bibliothek waren Farbige so wenig zugelassen wie in den Parks und auf den Spielplätzen. Wright hatte in der Bibliothek jedoch schon einige Male Bücher für einen Weißen besorgt, der in der gleichen Firma arbeitete, in der er Handlangerdienste ausübte. Seinem Plan kam entgegen, dass es sich zugleich um den einzigen Weißen in der Firma handelte, »der nicht als ›Anti-Neger‹ einzustufen war«. Ihn bat er, ihm seine Leihkarte zu überlassen – und hatte damit Erfolg. Am Nachmittag übte er das Fälschen des Bestellzettels und scheiterte schon daran, dass er die Titel von Menckens Büchern nicht kannte. Schließlich entschloss er sich, auf den Zettel zu schreiben: »Würden Sie bitte diesem Nigger einige Bücher von H. L. Mencken geben?« Darunter setzte er die gefälschte Unterschrift des Weißen.

An der Buchausgabe wartete er geduldig, bis alle Weißen, auch die nach ihm gekommenen, abgefertigt waren. Dann begann ein regelrechtes Verhör durch die weiße Bibliothekarin, das Wright, das Ziel des Bücherlesens vor Augen, in seinem Sinne durchstand, indem er konsequent den Weg der vollständigen Selbstverleugnung einschlug. »Du selbst liest diese Bücher nicht?«, fragte ihn die Bibliothekarin am Schluss streng. »O nein, Mad'm. Ich kann nicht lesen.« Als sie nun vor sich hin murmelte: »Wenn ich nur wüsste, welche Bücher von Mencken er haben möchte«, wusste Wright, dass er gewonnen hatte. Mit zwei Büchern zog er schließlich ab. Und begann am Abend zu lesen.

Menckens Stil – »diese klaren, schlackenlosen, dahinströmenden Sätze« – bestürzte ihn und rüttelte ihn auf. »Warum schrieb er so? Wie brachte man es fertig, so zu schreiben? [...] Ja, dieser Mann war ein Kämpfer, einer, der mit Worten kämpfte.« Nicht nur viele Worte, auch Dutzende von Namen von Schriftstellern, über die Mencken mit großer Leidenschaft schrieb, waren ihm unbekannt; er wusste noch nicht einmal, wie man sie aussprach. Als der Morgen dämmerte, legte er das Buch in der Überzeugung beiseite, etwas Lebenswichtiges bislang übersehen zu haben. Er wusste nun, »was in Weißen vor sich ging, was sie empfanden«. Und er fragte sich sofort, ob er mit diesem neuen Wissen nicht ihr Misstrauen erregen würde, wenn sie bemerkten, dass er sie nun mit anderen Augen zu sehen begann.

Die Leidenschaft des Lesens war in ihm aufs Neue erwacht. Insbesondere in Romanen fand er die Mittel, sich selbst und die Welt um ihn herum selbstbewusst und im Zusammenhang wahrzunehmen. Auf diese Weise verlor sie die Unnahbarkeit und Undurchsichtigkeit, die sie für ihn bislang besessen hatte. Wenn er *Main Street* von Sinclair Lewis las, erkannte er die engen Grenzen, die selbst einem Leben wie dem seines Chefs gesetzt waren. Das Bücherlesen brachte Licht in ihm bislang verschlossene Lebenswirklichkeiten und -möglichkeiten. »Ich war gewesen, was meine Umwelt, was meine Familie – in Übereinstimmung mit den Prinzipien der herrschenden Weißen – von mir verlangten und was ich nach dem Verdikt der Weißen zu sein hatte.« Als Wright einen Roman von Theodore Dreiser las, durchlebte er noch einmal die Leidenszeit mit seiner Mutter: »Ich ging schweigend in mich und betrachtete verwundert das Leben um mich her. Es wäre mir unmöglich gewesen, jemandem zu erklären, was mir diese Bücher gaben, denn in ihnen offenbarte sich für mich der Sinn des Lebens.« Nun entdeckte er an sich den Menschen, der er hätte sein können.

Lesen bedeutete für ihn nicht, aus dem gewöhnlichen Leben auszusteigen und sich in Phantasiewelten oder in der Tiefe der Innenwelt zu verlieren. Lesen bedeutete, in bislang unbekannte Lebenszusammenhänge einzusteigen und seine Rolle in der Welt neu zu entwerfen. Glücklich machte ihn diese neue Erfahrung vorerst nicht. Das Lesen begeisterte ihn, aber es verschaffte ihm auch »die niederschmetternde Erfahrung«, nun zu sehen, »was alles möglich war und was ich alles versäumt hatte«. Durch das Lesen öffnete sich zwischen ihm und der Welt, in der er zu leben versuchte, eine Kluft, »die sich von Tag zu Tag vertiefte«. Nun durchschaute er sein bislang eher dumpf empfundenes Lebensunglück. Mit der Folge, dass er sich mit dem Leseglück ein unglückliches Bewusstsein einhandelte, das ihn wohl nie wieder ganz verließ.

Es soll keineswegs darum gehen, dieses unglückliche Bewusstsein kleinzureden. Doch so mächtig, wie es vorderhand erscheinen mag, ist es nicht. Wrights Pointe ist nämlich, dass es in dem Moment, als er sich zum Verlassen des Südens entschließt, auch zur Durchgangsstation zu einem neuen, nicht nur potenziellen, sondern ganz realen Glück wird. Die Bücher hatten ihn in dem Wunsch bestärkt, »aus mir selbst zu leben, aus dem, was an Gedanken und Empfindungen in mir war«. Und indem aus diesem unbestimmten Wunsch nun ein konkreter Wille wird, gelangt er auch zu einer neuen Übereinstimmung mit der Welt. »Glück ist zu begreifen, wie alles zusammenhängt«, hat der Schriftsteller Sten Nadolny formuliert. Im Hinblick auf Wrights Autobiografie können wir diesen Satz ergänzen. Glück liegt nicht nur in der Erkenntnis, es liegt auch in dem dadurch angespornten Willen, sich ein Leben nach eigener Façon zu erkämpfen und es zu gestalten. Unsere sehr liberale Kultur neigt inzwischen dazu, im Impulsiven und in den guten Gefühlen das Glück zu suchen und dieses »Wohlfühlglück«, wie es der Philosoph Wilhelm Schmid genannt hat, der Willenskraft und der klaren, deutlichen Absicht gleich- oder sogar darüberzustellen. Ein Buch wie *Black Boy* erinnert uns an eine andere Vorstellung von Glück, die einst die westliche Kultur maßgeblich bestimmte: die Vorstellung des glückenden, des gelingenden Lebens, das oftmals widrigsten Lebensverhältnissen abgerungen war.

MACHT LESEN NUN GLÜCKLICH? ODER FREI? ODER WOMÖGLICH BEIDES?

Umsteigen

Grad in der Mitte unsrer Lebensreise
Befand ich mich in einem dunklen Walde,
Weil ich den rechten Weg verloren hatte.

So lauten die Anfangsverse von Dantes *Göttlicher Komödie*; sie gehören zu den berühmtesten der Literaturgeschichte. Dante ist zu diesem Zeitpunkt Mitte 30, gemäß der biblischen Lebensspanne des Menschen von 70 Jahren also genau in der Lebensmitte angelangt. Mittlerweile, bei einer durchschnittlichen Lebenserwartung von 80 Jahren und mehr, dürften wir diesen Zeitpunkt um die 40 erreichen. Doch Mitte des Lebens ist nicht nur eine zeitliche Bestimmung, es meint auch: mitten im Leben. Mitten im Leben haben wir den Weg verloren, sind wir desorientiert und verwirrt. Dante wird von seiner Angst und Orientierungslosigkeit schon bald erlöst, wenn er auf Vergil trifft, der als sein Führer auf der anstehenden Wanderung agiert. Für uns, 700 Jahre später, scheinen Verlorenheit und Unkontrollierbarkeit, Krise und Chaos indessen Erfahrungen zu sein, die uns das ganze Leben über nicht verlassen, und selten haben wir das Glück, dass eine magische Gestalt – Dichter, Weiser oder Zauberer – auftaucht, die uns verlässlich an die Hand nimmt.

Eine bis heute gültige Beschreibung dieser Situation stammt von Edward M. Forster, einem großen Romancier des 20. Jahrhunderts. In *Wiedersehen in Howards End*, vielleicht Forsters bestem Roman, wird sie zur zentralen Erkenntnis einer seiner faszinierendsten Frauenfiguren: »Beim Rückblick auf das vergangene halbe Jahr erkannte Margaret, wie chaotisch unser tägliches Leben ist, wie sehr es sich von dem geordneten Ablauf unterscheidet, den die Historiker fabrizieren. Das wirkliche Leben steckt voller falscher Spuren und

Wegweiser, die nirgendwohin führen. Mit unendlicher Anstrengung rüsten wir uns für eine Krise, die dann nie kommt. Noch im erfolgreichsten Leben werden Kräfte vergeudet, mit denen man hätte Berge versetzen können, und das erfolgloseste Leben führt nicht etwa der, den es unvorbereitet trifft, sondern derjenige, der vorbereitet ist und den es niemals trifft. Über eine Tragik von solcher Art schweigen sich unsere Volksmoralisten geflissentlich aus. Sie setzen voraus, dass Vorbereitung auf die Gefahr in sich schon etwas Gutes ist und dass Menschen wie Nationen gut daran tun, in voller Rüstung durchs Leben zu stolpern [...] Das Leben ist in der Tat gefährlich, aber nicht auf die Art, wie die Moralisten uns glauben machen wollen. Es ist in der Tat unkontrollierbar, aber seine Quintessenz ist nicht der Kampf.«

Forster sagt nicht nur, dass Unberechenbarkeit die Quintessenz des Lebens darstellt, er macht an dieser Stelle auch eine hochinteressante Gegenrechnung zu unseren Anstrengungen auf, das Leben, das wir führen, selbst zu bestimmen und unter unsere Kontrolle zu bringen. Er konstatiert nämlich, dass diese unter einem äußeren wie inneren Leistungsdruck stehenden und einem übergroßen Sicherheitsbedürfnis entsprechenden Bemühungen in der Regel ins Leere laufen und uns um das Beste bringen, was das Leben zu bieten hat: Überraschungen, die keineswegs nur böse sein müssen. Ein glückendes Leben hingegen müsste sich dem Umstand stellen, dass das Glück nicht belangbar ist und sich dem Zugriff entzieht. Allerdings wusste auch Forster, dass die positive Bewertung von Überraschungen und Veränderungen davon abhängt, dass wir ihnen nicht schutzlos ausgeliefert sind. Wir benötigen dazu Robustheit, die sich nur »on the job« trainieren lässt, etwa indem wir vom Unerwarteten in kleinen Dosen und in vielfältiger Gestalt kosten, wie der amerikanische Politikwissenschaftler Aaron B. Wildavsky gelehrt hat. Voraussicht und Kontrolle sind nur dann gute Strategien im Umgang mit möglichen Risiken, wenn diese vorhersehbar und wahrscheinlich sind. Ist das nicht der Fall – wie laut dem Urteil von Forster bereits im ganz gewöhnlichen Leben –, dann ist es erfolgversprechender, Erfahrungen darin zu sammeln, mit Überraschungen umzugehen. Das muss keineswegs heißen, dass wir statt in voller Rüstung und mit genauem Marschbefehl nun völlig nackt und planlos durchs Leben stolpern. Wir brauchen in der Tat Wegweiser, und Forster besaß auch eine Vorstellung davon, wo wir diese Wegweiser finden und wie sie aussehen. Für ihn war nämlich klar, dass sie die Gestalt von Büchern haben, die wir in einem Regal aufbewahren, das die Aufschrift »Literatur« trägt.

Ziehen wir aus diesem Regal einige Bücher heraus, natürlich nicht wahllos, sondern in der Hoffnung, dass sie uns belehren werden, was es mit der Orientierung in der Lebensmitte auf sich hat, wie wir umsteigen können, wenn die bisherige Lebensfahrt unterbrochen werden muss oder uns das Ziel verloren geht, und vor allem, wie uns Lesen dabei helfen kann, resilienter, freier und vielleicht sogar glücklicher zu werden. Bücher, deren Hauptfigur eine Frau oder ein Mann mittleren Alters ist, liegen seit einiger Zeit im Trend. In der Zeit um 1800, als das Lesefieber ausbrach und der moderne Roman noch in der Pubertät steckte, war das anders: Die meisten Heldinnen oder Helden waren damals so jung wie die Leserinnen und Leser der Romane, deren Geschichten sie erzählten. Wie wir gesehen haben, schließen die heutigen New-Adult-Genreromane direkt daran an. Die literarisch anspruchsvolleren Bücher dagegen werden zunehmend von Figuren bevölkert, die in der Lebensmitte oder jenseits davon angekommen sind. Auch das entspricht wiederum dem Alter der Leserschaft dieser Bücher (wie auch ihrer Autorinnen und Autoren). Literatursoziologisch ist das kaum verwunderlich, für den Roman als Gattung bedeutet es hingegen eine Transformation. Zunehmend entfernt er sich vom Modell des Entwicklungs- oder Bildungsromans hin zu Beratungsbüchern für die zweite Lebenshälfte, wie man etwas spöttisch sagen könnte. Die Personen, von denen er nun erzählt, sind jedenfalls keine unbeschriebenen Blätter mehr. Sie haben bereits reichlich Lebenserfahrung, befinden sich aber aufgrund eines Unglücks, das ihnen zustößt, oder wegen Fehlentscheidungen, Willensschwäche oder Verlusterfahrungen in einem existenziellen Umbruch. Es sind Romane der Bilanzierung, der Krisen, des Aufbruchs in ein neues Leben. Von den um 1800 veröffentlichten Romanen können ihnen am ehesten noch zwei als Vorbild dienen (und viele von ihnen nehmen auch direkt oder indirekt Bezug darauf): *Die Wahlverwandtschaften* von Johann Wolfgang von Goethe aus dem Jahr 1809 und *Überredung* (Persuasion) von Jane Austen, ihr letzter Roman, der erst 1818 nach ihrem Tod veröffentlicht wurde.

Letzterer wird denn auch in *Der Sommer ohne Männer* gelesen, einem Roman der US-amerikanischen Autorin Siri Hustvedt aus dem Jahr 2019, und zwar von einem Lesekreis, der aus lauter betagten verwitweten Damen besteht, keine von ihnen unter 75. Alle leben im Seniorenheim »Rolling Meadows« (Sanfte Wiesen) in der amerikanischen Provinz. Anne Elliot muss in Austens Roman aus familiären Rücksichten, die den Charakter einer Intrige annehmen, acht Jahre lang auf die Erfüllung ihrer Liebe warten. »Vergeudete Jahre! Wer hat

Zeit, Jahre zu vergeuden«, schimpft in Hustvedts Roman Abigail, eine der Teilnehmerinnen des Lesekreises, mit 94 Jahren die älteste der sechs. Abigail steht kurz vor ihrem Tod. Eigentlich aber erzählt *Der Sommer ohne Männer* eine klassische Midlife-Crisis-Story aus Sicht der betrogenen Ehefrau. Während Mias Mann nach dreißig Ehejahren eine Beziehungspause einlegt, um die Affäre mit seiner natürlich jüngeren Assistentin ausleben zu können, nimmt auch sie sich

Urlaub vom Leben. Das allerdings erst, nachdem sie einen kompletten Zusammenbruch erlitten hat, der sie sogar in die Psychiatrie bringt. Nach ihrer Entlassung zieht sie für den bevorstehenden Sommer an den Ort ihrer Kindheit und Jugend, wo ihre 90-jährige, aber noch recht muntere verwitwete Mutter in besagtem Seniorenheim lebt und überglücklich ist, die Tochter nun täglich um sich zu wissen. Mias eigene Tochter ist bereits erwachsen; die Universität, an der Mia Dichtung lehrt, hat sie bis zum Herbst beurlaubt. So hat sie Zeit, sich nicht nur mit ihrer Ehekrise zu beschäftigen, sondern auch den Lesekreis ihrer Mutter zu kuratieren und für eine Schar junger Mädchen einmal die Woche einen Poesiekurs zu geben. Sie, die Verlassene, ist plötzlich begehrt und mit den Problemen der ganz Jungen wie der ganz Alten konfrontiert. In beiden Fällen knüpft sie nicht nur neue Kontakte, sondern kann darüber hinaus auch ihre Stärken einsetzen – eine ausgeprägte Empathie und Moderationskompetenz, dazu die Stärken der Lebensmitte, bereits über vielfältige Erfahrungen, aber auch noch über ausreichend Gestaltungsspielraum zu verfügen. Dadurch gelingt es ihr, destruktive Entwicklungen – ein Mobbingfall unter den Mädchen, Tod, Verwirrung und Verbitterung bei den alten Damen – wenn nicht aufzuhalten, so doch in ihren Auswirkungen zu mildern. Jedenfalls hat sie das Gefühl, hier gebraucht zu werden, während sie zu Hause momentan mehr als überflüssig ist. »Hört sich so an, als würden Sie sich gut unterhalten«, meint denn auch Dr. S., Mias Therapeutin, mit der sie weiterhin telefonisch Kontakt hält. Als Boris, so der Name ihres untreuen Gatten, sie schließlich zurückhaben will, ist sie gerade an dem Punkt angekommen, dass sie sich unabhängig von ihm gemacht hat: Nun braucht sie ihn nicht mehr – wahrscheinlich die beste Voraussetzung, um es doch noch einmal miteinander zu versuchen.

Ins Allgemeine gewendet, erzählt Hustvedts komödiantischer Roman davon, wie Geschehnisse, die uns zustoßen und die wir erleidend durchleben, zu Auslösern einer Neuerfindung des Lebens werden können. Die Philosophin Laurie A. Paul spricht in diesem Zusammenhang von »transformativen Erfahrungen«, die unsere persönlichen Präferenzen und unsere Lebenseinstellung tiefgreifend verändern können. Lebensentscheidungen, so Paul, lassen sich nicht völlig rational treffen. Die Frage »Soll ich oder soll ich nicht?« führt häufig nicht weiter. Stattdessen sollten wir uns fragen: »Will ich herausfinden, wie mich eine Entscheidung verändert?« Mias Mann, der in Hustvedts Roman nicht sonderlich gut wegkommt, hat sich diese Frage immerhin gestellt und mit Ja beantwortet.

Vom Ergebnis her ist für ihn die Außenbeziehung trotzdem nicht wirklich eine transformative Erfahrung – eine solche, die seine Einstellungen umfassend verändert hätte. Für seine Frau, die erst einmal das Opfer seiner Untreue war, gilt das hingegen schon: Sie ist die eigentliche Gewinnerin der zeitweiligen Trennung, und das etwa nicht nur deshalb, weil sie den Gatten schlussendlich wiedergewinnt. Vielmehr lernt sie sich in dieser Phase selbst besser kennen, macht sich gerade auch Boris gegenüber kenntlich und gewinnt an Unabhängigkeit. Der Sommer in der Provinz ist keine vergeudete Zeit. Mia beginnt, mit eigener Stimme zu sprechen, und wagt nun, diese Stimme auch gegenüber ihrem Mann zu erheben. Das gilt, wie Hustvedts Buch auf den Schlussseiten nahelegt, auch für Mia als Dichterin.

Um an Selbsterkenntnis zuzulegen und das Leben zu verändern, muss die Initiative also gar nicht unbedingt von uns selbst ausgehen. Es kann auch eine Reaktion auf einen Verlust sein, solange sie sich nicht in einem Abwehrmechanismus erschöpft. Auch Mia trifft eine Entscheidung: Nach ihrem Zusammenbruch will sie herausfinden, wie die neue Situation sie verändert, und Hustvedts Roman legt nahe, dass Literatur – das Schreiben wie das Lesen von Literatur – dabei eine zentrale Rolle spielen kann. Wenn wir uns auf Veränderung einlassen – mit einem Verlust zurechtzukommen, eine neue Beziehung, Kinder zu kriegen, ein neuer Beruf, womöglich aber auch so etwas Schlichtes wie ein unbekanntes Gericht –, können wir vorher nicht wissen, wie sich die neue Erfahrung anfühlt. Dafür müssen wir sie machen. Wie Laurie A. Paul gezeigt hat, gibt es kein überindividuelles, rationales Verfahren, um *vor* der Entscheidung herausfinden, was *danach* mit einem passiert.

Aber, und das berücksichtigt die Philosophin nicht – es gibt ja die Literatur. Sie führt uns in Geschichten genau das vor: Wie sich transformative Erfahrungen anfühlen: eine neue Liebe etwa und dafür mitten im Leben den bisherigen Partner zu verlassen (Goethe, *Die Wahlverwandtschaften*); an einer versagten Liebe trotz aller Hindernisse und entgegen allen Erwartungen über Jahre hinweg festzuhalten (Jane Austen, *Überredung*); als alleinerziehende, finanziell nicht gut gestellte Mutter mit schulpflichtigen Kindern in den Süden auszuwandern (Gerald Durrell, *Meine Familie und andere Tiere*); die formativen Lebensjahre in einem Sanatorium zu vertrödeln (Thomas Mann, *Der Zauberberg*); aus einem fad gewordenen Leben – das Kind flügge, der Mann krank, die Schriftstellerei erfolglos – abzutauchen und zur Fußpflegerin in Berlin-Marzahn zu werden (Katja Oskamp, *Marzahn, mon amour*); oder nach zehn Jahren Krieg immer noch

MACHT LESEN NUN GLÜCKLICH? ODER FREI? ODER WOMÖGLICH BEIDES?

nicht nach Hause zu kommen, sondern zehn weitere Jahre in der Welt umherzuirren, anders gesagt, die Lebensmitte fern der Heimat und völlig anders als erwartet zu verbringen und dabei nicht einmal unglücklich zu sein (Homer, *Die Odyssee*). Die Lektüre dieser und Tausender anderer Bücher kann uns anstehende Lebensentscheidungen, die womöglich auch über unser Glück oder Unglück entscheiden, nicht abnehmen. Die mantische Wirkung ihrer Lektüre, von der die Rede war, ermöglicht uns aber, einen Vorgeschmack, ein Vorgefühl davon zu bekommen, was die neue Erfahrung mit uns machen wird. Unsere Entscheidung wird danach kein bisschen rationaler ausfallen. Aber wir werden sie womöglich mit größerer emotionaler Sicherheit und aus größerer emotionaler Nähe fällen können. Gut denkbar, dass das empfundene Dilemma »Soll ich?« oder »Soll ich nicht?« irgendwann dem Gefühl großer Klarheit weicht, weil wir nun den Mut aufbringen, die Dinge auf uns zukommen zu lassen, und dabei ein gutes Gefühl haben.

Literatur zu lesen und sich in ihrem Spiegel (wir können auch sagen, in ihrem Resonanzraum) mit den eigenen Lebensproblemen, persönlichen Präferenzen und Lebensentscheidungen zu beschäftigen ist etwas ganz anderes, als in dieser Hinsicht externen Autoritäten zu vertrauen: Ratgebern etwa, Gurus, den eigenen Eltern oder auch einem falschen Verständnis von Rationalität. Nicht nur, dass diese uns ebenso wenig vor möglichem Unglück oder Scheitern bewahren können. Sie gaukeln uns auch vor, dass es allgemeine Lebensregeln dort gibt, wo aus systematischen Gründen nur die individuelle Entscheidung zählt. Insbesondere die boomende Ratgeberliteratur macht aus diesem prinzipiellen Fehlschluss ein Geschäftsprinzip und schlägt dabei häufig alles über einen Leisten. Von Nutzen ist das vor allem für diejenigen, die daran verdienen. Das Individuum ist nicht zu fassen.

Literaturlesen hingegen kann eine Art Probehandeln und vor allem Probefühlen sein. Gerade der Umstand, dass wir Stunde um Stunde bis zur Ichausschaltung in die gelesene Geschichte eintauchen, lässt eine emotionale Nähe zu den Figuren, aber auch zu den dort verhandelten Lebensproblemen entstehen, die zu einem ultimativen Test für unsere Gefühle werden kann. Die Stärke wie natürlich auch die Grenze von Literatur ist dabei, dass sie nie eine allgemeine, sondern stets eine besondere, eine singuläre Geschichte (oder mehrere davon) erzählt. Lebenserfahrung ist ihr Bodensatz, auch dort noch, wo sie erfindet. »Lesend lebt man andere Leben mit«, zitiert Elke Heidenreich den Schriftsteller Günter de Bruyn und ergänzt: »Man liebt auch andere Lieben mit.« Und man könnte weiter ergänzen: Lesend erlebt man, wie sich bislang unbekannte Erfahrungen anfühlen. Die erzählte Geschichte kann, muss aber nicht auf uns passen. Sehr wahrscheinlich ist sie nicht maßgeschneidert auf unsere Situation, sondern bedarf einer gewissen Anpassung, so wie man ein Kleid von der Stange zur Änderungsschneiderei bringen muss. Trotzdem: Näher können wir der transformativen Erfahrung, die auf uns wartet, nicht kommen. Und tiefer kann uns ein Reflexionsprozess nicht in die Problematik hineinführen als der es ist, der sich an eine solche Lektüre anschließt, geteilt womöglich mit anderen Leser:innen des Buches. Aus der Anerkennung großer Literatur, so hat die unvergleichliche Schriftstellerin Janet Frame gemeint, erwachse eine Freiheit, »so, wie wenn jemand das herschenkt, was er gerne behalten würde, und durch das Schenken wird neuer Raum für neues Wachstum gerodet«.

Lesen ist also, in Abwandlung eines berühmten Wortes des Romanciers Stendhal, im besten Fall auch ein Versprechen von Glück. Jedenfalls geht es nicht in der Gegenwart auf, sondern weist auch vorwärts, auf Künftiges, auf etwas, das geschehen kann, geschehen soll, geschehen muss. Und macht uns auf diese Weise frei für neue Erfahrungen, vielleicht sogar für das Glück unseres Lebens.

MACHT LESEN NUN GLÜCKLICH? ODER FREI? ODER WOMÖGLICH BEIDES?

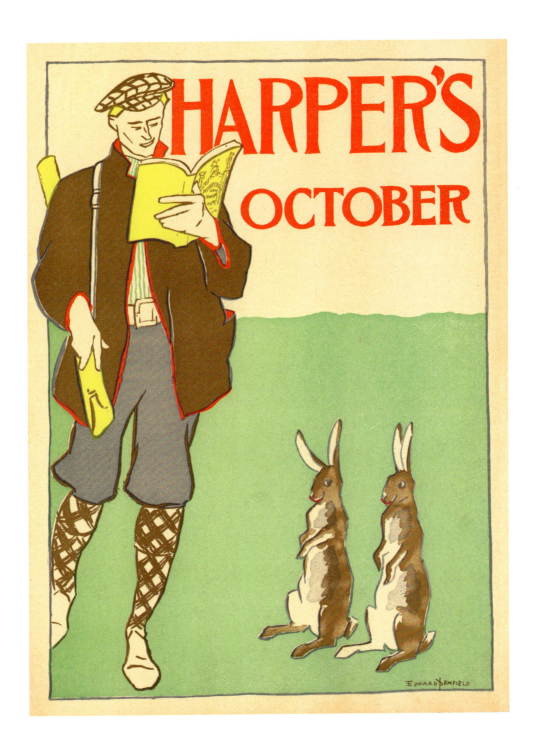

ANHANG

ANHANG

Literaturhinweise

Aurelius Augustinus: *Confessiones / Bekenntnisse*. Lateinisch und Deutsch, München 1955.

Alfred Bellebaum und Ludwig Muth (Hg.): *Leseglück. Eine vergessene Erfahrung?*, Opladen 1996.

Barbara Bleisch: *Mitte des Lebens. Eine Philosophie der besten Jahre*, München 2024.

Thomas Böhm: »Das Buch als Spiegel, Fenster oder Tür«, in: *Frankfurter Allgemeine Zeitung*, 25.9.2015.

Stefan Bollmann: *Frauen und Bücher. Eine Leidenschaft mit Folgen*, München 2013.

Stefan Bollmann: *Sie haben das Lesen geliebt. Frauen, die lesen, sind gefährlich*, München 2024.

Charlotte Brontë: *Jane Eyre. Eine Autobiographie*. Herausgegeben und aus dem Englischen übersetzt von Melanie Walz, Frankfurt a. M. 2015.

Winston S. Churchill: *Zum Zeitvertreib. Vom Lesen und Malen*. Aus dem Englischen von Claus Sprick, Hamburg 2014.

Mihály Csíkszentmihályi: *Flow. Das Geheimnis des Glücks*, Stuttgart 1992.

Dante: *Die Göttliche Komödie*. Italienisch und Deutsch. Übersetzt von Hermann Gmelin, Erster Teil: Die Hölle, Erster Gesang, Stuttgart 1968.

Stanislas Dehaene: »Zum Lesen geboren«, in: *Gehirn & Geist*, Heft 6/2003.

Jared Diamond: *Der Dritte Schimpanse. Evolution und Zukunft des Menschen*, Frankfurt a. M. 1994.

Mark Edmundson: *Why read?*, New York 2004.

Edward M. Foster: *Wiedersehen in Howards End*. Roman. Aus dem Englischen von Egon Pöllinger, München 1987.

Janet Frame: *Ein Engel an meiner Tafel. Eine Autobiographie*, München 2024.

Sigmund Freud: »Der Dichter und das Phantasieren«, in: *Studienausgabe*, Band X, Frankfurt a. M. 1969.

Graham Greene: *Verlorene Kindheit und andere Essays*, Zürich 1953.

Hans Jakob Christoffel von Grimmelshausen: *Der abenteuerliche Simplicissimus Deutsch*. Aus dem Deutsch des 17. Jahrhunderts von Reinhard Kaiser, Frankfurt a. M. 2009.

Richard M. Hare: *Freiheit und Vernunft*, Düsseldorf 1973.

Susanne Hartmann: »Virginia Woolf und Sigmund Freud«, In: *Freiburger FrauenStudien* I/1995.

Emily Henry: *Book Lovers. Die Liebe zwischen den Zeilen*, München 2023.

Hugo von Hofmannsthal: *Der Tor und der Tod*, Frankfurt a. M. 1978.

Wolfram Hogrebe: *Mantik. Profile prognostischen Wissens in Wissenschaft und Kultur*, Würzburg 2005.

Siri Hustvedt: *Der Sommer ohne Männer*. Roman. Aus dem Englischen von Uli Aumüller, Reinbek 2011.

Paul Ingendaay, Jürgen Kaube, Kira Kramer, Fridtjof Küchemann, Kai Spanke: »Im Lesen sind wir frei«, in: *Frankfurter Allgemeine Zeitung*, 11.11.2024.

Gustav Janouch: *Gespräche mit Kafka. Aufzeichnungen und Erinnerungen*, Frankfurt a. M. 1968.

Franz Kafka: *Briefe 1902–1924*. Gesammelte Werke, herausgegeben von Max Brod, New York 1958.

André Kertész: *On Reading*, New York 1971.

Elihu Katz, David Foulkes: »On the Use of Mass Media as ›Escape‹: Clarification of a Concept«, In: *The Public Opinion Quarterly*, Vol. 26, Nr. 3, 1962.

Tom Kraushaar: »Wie wir uns verzwergen«, in: *Frankfurter Allgemeine Zeitung*, 10.10.2024.

Fridtjof Küchemann: »Das Lesen und das Leben«, in: *Frankfurter Allgemeine Zeitung*, 20.07.2024.

Milan Kundera: *Der Vorhang*, München und Wien 2005.

Olof Lagercrantz: *Die Kunst des Lesens und des Schreibens*. Aus dem Schwedischen von Angelika Gundlach, Frankfurt a. M. 1988.

Olof Lagercrantz: *Marcel Proust oder Vom Glück des Lesens*. Aus dem Schwedischen von Angelika Gundlach, Frankfurt a. M. 1995.

Hermione Lee: *Virginia Woolf. Ein Leben*. Aus dem Englischen von Holger Fliessbach, Frankfurt a. M. 1999.

Daniel Libeskind: »Die zehn wichtigsten Bücher meines Lebens«, in: *Die Welt*, 10.8.2017.

Daniel Libeskind: »Lesen ist eine Frage der Freiheit«, in: *Cicero*, undatiert.

Alberto Manguel: *Eine Geschichte des Lesens*, Hamburg 2000.

Edward Mendelson: *The Things That Matter. What Seven Classic Novels Have to Say About the Stages of Life*, New York 2007.

L. A. Paul: *Was können wir wissen, bevor wir uns entscheiden. Von Kinderwünschen und Vernunftgründen*, Stuttgart o. J.

Iris Origo: *Goldene Schatten. Aus meinem Leben*, München 1996.

Marcel Proust: *Tage des Lesens*, Frankfurt a. M. 1963.

Anna Quindlen: *How Reading Changed My Life*, New York 1998.

Tobias Rüther: »Booktok heißt das Zauberwort«, in: *Frankfurter Allgemeine Zeitung*, 17.03.2024.

Jean Paul Sartre: *Die Wörter. Autobiographische Schriften*. Aus dem Französischen von Hans Mayer, Reinbek bei Hamburg 1965.

Wilhelm Schmid: *Glück*, Frankfurt a. M. und Leipzig 2007.

Daniel Schreiber: *Susan Sontag. Geist und Glamour. Biographie*, Berlin 2007.

Manfred Sommer: *Sammeln. Ein philosophischer Versuch*, Frankfurt a. M. 1999.

Susan Sontag: *Kunst und Antikunst*, Frankfurt a. M. 1982.
Susan Sontag: *Wiedergeboren. Tagebücher 1947–1963*. Aus dem Englischen von Kathrin Razum, München 2010.
Lionel Trilling: *Das Ende der Aufrichtigkeit*, München und Wien 1980.
Aaron Wildavsky: *Searching for Safety*, Edison 1988.
Virginia Woolf: *Der gewöhnliche Leser*, Frankfurt a. M. 1989.
Virginia Woolf: *The Letters of Virginia Woolf*, Volume V, 1932–1935. Edited by Nigel Nicholson and Joanne Trautmann, London 1982.
Richard Wright: *Black Boy. Bericht einer Kindheit und Jugend*, Deutsch von Kurt Heinrich Hansen, Köln 1978.
Gabriel Zaid: *So viele Bücher*, Frankfurt a. M. 2003.

Bildnachweis

S. 1: Christie's Images/Bridgeman Berlin; S. 4/5: Mit freundlicher Genehmigung des St. John's College, Oxford; S. 8: Launt Palmer, »Nachmittags in der Hängematte«, 1882/Artothek, Weilheim; S. 10: Staatliche Museen zu Berlin, Kunstbibliothek/Dietmar Katz. Public Domain Mark 1.0; S. 12: Scala, Florenz; S. 14: André Kertész, »On Reading«/© André Kertész, 1971; S. 16/17: Interfoto, München; S. 20: Getty Images/© Kluge Gedanken für kluge Leserinnen, Elisabeth Sandmann Verlag, München; S. 23: Getty Images/© Kluge Gedanken für kluge Leserinnen, Elisabeth Sandmann Verlag, München; S. 24: Staatliche Museen zu Berlin, Kunstbibliothek/Anna Russ. Public Domain Mark 1.0; S. 27: Launt Palmer, »Nachmittags in der Hängematte«, 1882/Artothek, Weilheim; S. 28: Laurits Andersen Ring, »At Breakfast«, 1898/The Bridgeman Art Library, Berlin; S. 32: Getty Images/© Kluge Gedanken für kluge Leserinnen, Elisabeth Sandmann Verlag, München; S. 37: Virginia Woolf/Koch Collection, Harvard Theatre Museum; S. 40/41: Basis Pao/Weidenfeld & Nicolson, a devision of The Orion Publishing Group Ltd., London; S. 45: Getty Images/© Kluge Gedanken für kluge Leserinnen, Elisabeth Sandmann Verlag, München; S. 48: Staatliche Museen zu Berlin, Kunstbibliothek/Dietmar Katz. Public Domain Mark 1.0; S. 51: Ein kleiner Junge liest in der Pessach-Haggada/bpk, Berlin; S. 53: Scala,

Florenz; S. 54/55: George Dunlop Leslie, »Alice in Wonderland«/ © Royal Pavilion, Libraries and Museums, Brighton and Hove/The Bridgeman Art Library; S. 57: Archiv für Kunst und Geschichte, Berlin; S. 59: Scala, Florenz; S. 60: Getty Images/© Kluge Gedanken für kluge Leserinnen, Elisabeth Sandmann Verlag, München; S. 61: © unsplash.com; S. 62: Fotolia, Berlin; S. 65: ullstein bild, Berlin; S. 66: Lesende Geisha, Japan 1904/Scala, Florenz; S. 68: Fotolia, Berlin; S. 70: Herzogin Anna Amalia Bibliothek/Fritz von der Schulenburg; S. 73: Fresko von Benozzo Gozzoli/bpk, Berlin/Sant'Agostino, San Gimignano, Italien/Scala; S. 75: Scala, Florenz; S. 76: Interfoto, München; S. 78/79: © Elisabeth Sandmann Verlag, München; S. 80: Staatliche Museen zu Berlin, Kunstbibliothek/Dietmar Katz. Public Domain Mark 1.0; S. 83: Scala, Florenz; S. 89: Sir Richard Southern/Mit freundlicher Genehmigung des St. John's College, Oxford; S. 90: Bridgeman Berlin; S. 92: Waterhouse & Dodd, London/Bridgeman Berlin; S. 94/95: Christie's Images/Bridgeman Berlin; S. 96: Staatliche Museen zu Berlin, Kunstbibliothek/Dietmar Katz. Public Domain Mark 1.0; S. 100: Getty Images/© Kluge Gedanken für kluge Leserinnen, Elisabeth Sandmann Verlag, München; S. 107: Adolph Menzel, »Dr. Puhlmanns Bücherregal«, 1844/Kupferstichkabinett Berlin; S. 109: Staatliche Museen zu Berlin, Kunstbibliothek/Dietmar Katz. Public Domain Mark 1.0; S. 112: © Elisabeth Sandmann Verlag, München; S. 117: © Chad Madden/unsplash.com; S. 120/121: Edward Burne-Jones, »Porträt von Katie Lewis«, 1886/Mallett Gallery, London/Bridgeman Giraudon; S. 122: Staatliche Museen zu Berlin, Kunstbibliothek/Dietmar Katz. Public Domain Mark 1.0; S. 126: Interfoto, München; S. 129: Bildarchiv Preußischer Kulturbesitz, Berlin; S. 134/135: Interfoto, München; S. 143: Getty Images/© Kluge Gedanken für kluge Leserinnen, Elisabeth Sandmann Verlag, München; S. 146: Interfoto, München; S. 149: Staatliche Museen zu Berlin, Kunstbibliothek/Dietmar Katz. Public Domain Mark 1.0; S. 150/151: Carl Larsson, »Liegende Frau auf einer Bank«/© Louvre, Paris/Lauros/Giraudon/The Bridgeman Art Library; S. 152/153: Staatliche Museen zu Berlin, Kunstbibliothek/Anna Russ. Public Domain Mark 1.0; S. 154 Dank an das Rijksmuseum, collectie Rijksstudio